Claudia Quaiser-Pohl
Elisabeth Sticker
Anja Köhler

Mathematisch begabt

Vorschulkinder angemessen fördern

Vandenhoeck & Ruprecht

Mit 66 Abbildungen

Universität Koblenz-Landau
Campus Koblenz
Fachbereich 1
Institut für Psychologie
Universitätsstraße 1
56070 Koblenz

Fotos: Claudia Best, Melanie Pohl
Layout und Satz: Melanie Pohl
Abbildungen: Melanie Pohl

Bibliografische Information der Deutschen Nationalbibliothek
Die Deutsche Nationalbibliothek verzeichnet diese Publikation in der Deutschen Nationalbibliografie;
detaillierte bibliographische Daten sind im Internet über http://dnb.d-nb.de abrufbar.
ISBN 978-3-525-79027-4

Printed in Germany.
Druck und Bindung: Hubert & Co., Göttingen

Gedruckt auf alterungsbeständigem Papier

Danksagung

Bei der Anfertigung dieses Buchs haben uns viele fleißige Köpfe und Hände unterstützt.

Unser ganz besonderer Dank gilt dabei Melanie Pohl für ihr großes Engagement beim Layout sowie Vera Heuser für ihre redaktionelle Unterstützung. Wir danken Dipl.-Psych. Daniela Ahrens dafür, dass sie basierend auf ihrer Diplomarbeit einen Entwurf für Kapitel 4 (Evaluation des Förderprogramms) erstellt und mit dem Autorenteam abgestimmt hat. Außerdem möchten wir uns bei den Kölner Kindern und Erzieher/innen bedanken, die an unserer Evaluationsstudie teilgenommen haben. Ohne sie wäre dieses Buch nicht möglich gewesen. Weiterhin gilt unser Dank der Imhoff Stiftung, die das Projekt „Kölsche Pfiffikusse" über ihre Finanzierung des Projekts Hochbegabung Köln finanziell unterstützt hat.

Wir wünschen unserem Programm eine weite Verbreitung und allen, die mit diesem Buch arbeiten und dadurch für Kinder vielfältige Anregungen und Lerngelegenheiten schaffen, viel Freude und Erfolg.

Die Autorinnen

Inhalt

Teil I: Theorie

1. Warum dieses Buch?

Mathematik ist aus unserer heutigen Welt nicht mehr wegzudenken; der Alltag in hochtechnisierten Gesellschaften ist durch sie geprägt. Dennoch tun sich viele Menschen beim Umgang mit Zahlen und komplexen mathematischen Operationen schwer und die internationalen Schulvergleichsstudien PISA und TIMSS haben deutschen Schüler/innen nur mittelmäßige mathematische Kompetenzen bescheinigt. Außerdem ist in Deutschland der Unterschied der Leistungen von Mädchen und Jungen vergleichsweise groß. Dies alles spricht dafür, dass im Hinblick auf die Förderung mathematischer Fähigkeiten zukünftig früher angesetzt werden sollte, am besten schon im Kindergarten.

Zu diesem Zweck wurden in den letzten zehn Jahren zahlreiche Programme für die Förderung mathematischer Vorläuferfähigkeiten im Kindergarten entwickelt und durchgeführt. Dies geschah zunächst zum Teil gegen erheblichen Widerstand auf Seiten der Erzieher/innen, die fürchteten, man würde die Kinder dadurch zu früh einem Leistungsdruck aussetzen und die Schule quasi nach vorne verlagern. Inzwischen hat sich dieser Bildungsbereich in der Elementarpädagogik fest etabliert und die meisten Kinder können auf diese Weise schon früh in die Welt der Mengen und Zahlen eintauchen. Das macht ihnen viel Freude und es kommt ihrer für dieses Alter typischen Wissbegier entgegen.

Das vorliegende Buch mag den Anschein erwecken, als verfolge es dasselbe breite Ziel, was aber nicht der Fall ist. Es richtet sich nämlich vor allem an jene Gruppe von Kindern, die von selber ein besonderes Interesse an Mathematik zeigen, die sich schon früh von Zahlen oder geometrischen Formen angezogen fühlen und für die bereits in einem sehr jungen Alter das Lösen von Rechenaufgaben eine besondere Herausforderung darstellt, der sie sich am liebsten ständig stellen möchten (vgl. Kapitel 2).

Für diese mathematisch besonders begabten und interessierten Kinder haben wir (eine Arbeitsgruppe an der Universität Siegen und Mitarbeiterinnen des „Projekt Hochbegabung Köln") ein spezielles Förderprogramm entwickelt und es im Jahre 2007 in sieben Kölner Kindertagestätten erprobt und wissenschaftlich evaluiert.

Claudia Quaiser-Pohl,   Anja Köhler,   Elisabeth Sticker

Koblenz und Siegen im Juni 2011

2. Wie mathematisches Denken sich entwickelt und woran man mathematische Begabung erkennt

Mathematisches Denken ist eine generelle Struktur der menschlichen Intelligenz, die vom Säuglingsalter bis zum Lebensende entwickelt und bewahrt wird. Kinder sammeln in verschiedenen Alltagssituationen bereits bis zum Vorschulalter zahlreiche Erfahrungen in den Bereichen Form, Größe, Gewicht, Menge, Relation, Zeit, Reihenfolge, Zuordnung, Zählen, Zahlwörter, Ziffern, die bestimmten mathematischen Strukturen zugeordnet werden können (Hasemann, 2003a).

Studien zeigen, dass ein frühzeitiger Erwerb mathematischer Vorläuferfertigkeiten entscheidend für die späteren schulischen Leistungen in Mathematik ist (Krajewski, 2003; Stern, 1998). Deshalb ist es wichtig, mathematische Fähigkeiten bereits vor dem Eintritt in die Schule systematisch zu fördern.

Die Entwicklung mathematischen Denkens beginnt schon im Säuglingsalter. Bereits Neugeborene verfügen über mentale Modelle von Mengen (Wynn, 1998) und können Mengen von bis zu vier Objekten miteinander vergleichen (Antell & Keating, 1983). Sechs Monate alte Säuglinge sind in der Lage, Reihen mit vier Scheiben von Reihen mit acht Scheiben zu unterscheiden (Xu, 2003) und Mengen mit acht und sechzehn bzw. sechzehn und zweiunddreißig Objekten zu differenzieren (Lipton & Spelke, 2003; Xu & Spelke, 2000).

Ist die Differenzierung von kleineren Mengen schon Neugeborenen möglich, basiert der Umgang mit größeren Mengen jedoch auf Erfahrung (Dehaene, 1999).

Auch das Verständnis von Zahlwörtern gelingt Kindern schon relativ früh, nämlich ungefähr im Alter von zwei Jahren, obwohl dem Kind zu diesem Zeitpunkt die eigentliche Bedeutung der Zahlwörter noch nicht bewusst ist. Fuson (1988) konnte zeigen, dass die meisten Kinder bis zum Alter von ungefähr dreieinhalb Jahren die Zahlwörter bis zehn und zwischen dreieinhalb und viereinhalb Jahren die von zehn bis zwanzig lernen. Allerdings sind viele Kinder zwischen viereinhalb und sechs Jahren noch unsicher im Umgang mit den Zahlwörtern von vierzehn bis zwanzig.

Bis sie etwa drei Jahre alt sind, nutzen Kinder nämlich beim Zählen das Prinzip des „Subitizing", die Schätzung kleiner Mengen von bis zu vier Objekten durch spontanes visuelles Erfassen (Wynn, 1990; Resnick, 1989). Erst dann beginnen sie mit dem sogenannten verbalen Zählen, das noch stark dem Aufsagen eines Gedichtes ähnelt. In der anschließenden Phase des asynchronen Zählens, mit etwa vier Jahren, sind Kinder zwar in der Lage, Zahlwörter in der korrekten Reihenfolge zu benutzen, sie vergessen jedoch beim Abzählen oft Objekte oder zählen diese mehrfach.

Erst in der Phase des synchronen Zählens im Alter von etwa fünf Jahren zeigen Kinder beim Abzählen immer auf genau ein Objekt. Im Stadium des resultativen Zählens (Van de Rijt, Van Luit & Hasemann, 2000) wissen sie dann, dass jedes Objekt nur einmal gezählt wird und dass man mit der Eins beginnt und das letzte Zahlwort der Gesamtzahl der Objekte entspricht, was man als Kardinalitätsprinzip bezeichnet.

Außer diesem gibt es insgesamt fünf Zählprinzipien, die bereits Vierjährige beim Zählen erfolgreich einsetzen können (Gelman & Gallistel, 1986): Eins-zu-Eins-Zuordnung (beim Zählen wird jedem Objekt genau eine Zahl zugewiesen), stabile Reihenfolge (die Zahlen kommen immer in derselben Reihenfolge vor), Anordnungsbeliebigkeit (die Reihenfolge der zu zählenden Objekte spielt keine Rolle), Abstraktionsprinzip des Zählvorgangs (jede beliebige Objekt- oder Ereignismenge ist zählbar).

Ist der Zahlbegriff einmal verinnerlicht, sind bald auch einfache Rechenaufgaben (Addition- und Subtraktion) möglich, denn Zählfertigkeiten bilden den Übergang vom impliziten quantitativen zum expliziten rechnerischen Wissen (Kaufmann, Handl & Delazer, 2005).

Carpenter und Moser (1983) beobachteten bereits bei Vierjährigen Additionen und Subtraktionen im kleinen Zahlenbereich, allerdings nur unter Zuhilfenahme von Gegenständen oder den Fingern zur Bestimmung der Gesamtmenge. Im Alter von fünfeinhalb bis sechs Jahren erkennen Kinder Strukturen in mehr oder weniger geordneten Objektmengen (z.B. das Zahlbild der Fünf auf einem Würfel) und können von dieser Zahl an aufwärts zählen. Die Rechenfähigkeit entwickelt sich allerdings im Gegensatz zum Zahlbegriff nicht in einer festen Stufenabfolge (Dehaene, 1999).

Schon Vorschulkinder verfügen somit über beträchtliche mathematische Kenntnisse und Vorläuferfähigkeiten (Fuson, 1988; Geary, 2000). Die erheblichen interindividuellen Unterschiede in den mathematischen Fähigkeiten und Fertigkeiten zum Zeitpunkt der Einschulung lassen sich weniger auf Begabungsunterschiede als auf unterschiedliche Förderung im Vorschulalter zurückführen (Hasemann, 2003b).

In den letzten Jahren wurde eine Reihe von Konzepten und Ansätzen zur mathematischen Bildung im Elementarbereich vorgelegt, mit denen sich die für Mathematik erforderlichen Vorläuferfähigkeiten im Zuge vorschulischer Bildungsmaßnahmen sinnvoll und effektiv fördern lassen (z.B. Friedrich & de Galgóczy, 2004; Hoenisch & Niggemeyer, 2004; Merdian, 2005; Perras, 2004; Rademacher, Lehmann, Quaiser-Pohl, Günther & Trautewig, 2009). Für mathematisch besonders begabte Vorschulkinder gab es bisher keine gezielten Förderprogramme.

So viel zur normalen und altersgerechten mathematischen Entwicklung und Förderung. Ist ein Kind nun mathematisch besonders begabt, durchläuft es die geschilderten Entwicklungsstufen auch und in ungefähr derselben Weise und Reihenfolge. Allerdings geschieht dies oft viel schneller, was dazu führt, dass mathematisch hochbegabte bestimmte Kenntnisse und Fähigkeiten schon in einem viel jüngeren Alter besitzen als andere Kinder. Manche beginnen beispielsweise schon mit eineinhalb Jahren zu zählen oder sie zählen und rechnen im Alter von fünfeinhalb bereits im Zahlenraum bis 10.000 (nur als Vergleich, das Lernziel im ersten Schuljahr der Grundschule ist die Erfassung des Zahlenraums bis 20, im 2. Schuljahr werden dann der Zahlenraum bis 100 und das kleine 1x1 vermittelt).

Auch zeigen mathematisch begabte Kinder oft ein sehr großes Interesse für alles, was mit Zahlen zu tun hat. Sie möchten ständig von den Erwachsenen schwierige Rechenaufgaben gestellt bzw. aufgeschrieben bekommen oder sie formulieren selbst welche.

Auch ein besonders frühes Beherrschen der Uhrzeit kann auf eine mathematische Begabung hinweisen, ebenso wie eine besondere Vorliebe für komplexe Muster und Formen und später dann für geometrische Fragestellungen.

Weitere Indikatoren sind ein relativ frühes Interesse für Geld und die Fähigkeit damit umzugehen, z.B. im Kaufmannsladen, sowie der frühe kompetente Umgang mit Maßeinheiten, ein besonderes Interesse für die Zahl 0 und das Verständnis für negative Zahlen bereits im Vorschulalter.

Eine mathematische Begabung auch objektiv festzustellen, d.h. diese zu diagnostizieren, ist allerdings nicht einfach. Zwar gibt es eine Reihe von mathematischen Leistungstests, die schon im Vorschulalter eingesetzt werden können (vgl. Abschnitt „Wie wirksam ist mathematische Förderung im Vorschulalter?").

Allerdings decken diese jeweils unterschiedliche mathematische Bereiche (z.B. Mengenauffassung, Zahlbegriff, räumliches Vorstellen) ab und sind teils für mathematisch hochbegabte Kinder zu leicht, da sie im oberen Bereich nicht genügend differenzieren. Hinzu kommt, dass im Rahmen einer Begabungsdiagnostik auch die allgemeine Intelligenz erfasst werden sollte, um eine isolierte mathematische Begabung von einer allgemeinen Hochbegabung abzugrenzen (vgl. Abschnitt „Was bedeutet „hochbegabt" und wie kann man begabte Vorschulkinder angemessen fördern?"), was in diesem Alter aus verschiedenen Gründen noch schwierig ist (vgl. Stöger, Schirner & Ziegler, 2008).

Generell ist eine definitive Diagnose für eine angemessene Förderung mathematisch begabter Kinder aber nicht zwingend notwendig. Es reicht zu wissen, dass diese nicht nur auffällige mathematische Fähigkeiten besitzen, sondern vor allem ein besonders großes Interesse für den Themenkreis Mathematik und eine auffallend hohe Motivation, sich mit mathematischen Fragestellungen zu beschäftigen. Dieses Buch soll Eltern, Erzieher/innen und Grundschullehrerinnen dabei helfen, die Bedürfnisse dieser Kinder zu befriedigen und ihnen geeignete Gelegenheiten zu bieten, ihren Interessen nachzukommen und ihre Motivation weiter zu fördern.

3. Was bedeutet „hochbegabt" und wie kann man begabte Vorschulkinder angemessen fördern?

Hochbegabung – ein schillernder Begriff

Der Begriff Hochbegabung ist in den letzten Jahren stark „in Mode" gekommen. Er wird immer noch häufig mit falschen Vorstellungen in Verbindung gebracht, so z.B. dem Mythos, dass Verhaltensauffälligkeiten oder ADHS durch Hochbegabung zu erklären seien und hochbegabte Kinder in der Schule Schwierigkeiten bekämen (Mittag, Remmert & Sticker, 2006).

Was ist Hochbegabung?

Darüber, was Hochbegabung ist und was nicht, diskutiert die Fachwissenschaft seit langer Zeit – eine einheitliche Definition gibt es nicht. Gleiches gilt für den in diesem Zusammenhang wichtigen Begriff der Intelligenz (Stapf, 2008; BMBF, 2009).

Allgemein lässt sich Hochbegabung in Anlehnung an Heller (1996, S. 477) als individuelles Fähigkeitspotenzial für herausragende Leistungen, oft (nur) in einem bestimmten Bereich, definieren. Es geht also um eine Disposition zu Höchstleistungen aufgrund einer sehr hohen allgemeinen Intelligenz. Auch wenn es Hochbegabung auf verschiedenen Gebieten gibt (z.B. musisch-künstlerisch, sportlich, sozial), geht es doch im Folgenden schwerpunktmäßig um den kognitiven Bereich.

Weitgehende Einigkeit besteht in der Auffassung, dass Hochbegabung nicht allein durch Intelligenztests festgestellt werden kann und sollte. Denn das Ergebnis eines Intelligenztests sagt kaum etwas darüber aus, wie interessiert, motiviert, neugierig oder ängstlich ein Mensch ist. Wie sich die hohen Fähigkeiten zeigen, hängt von vielen anderen Faktoren ab, die bei der Diagnostik berücksichtigt werden müssen.

Auch, wenn das Ergebnis eines Intelligenztests nur eine Facette von Hochbegabungsdiagnostik ist, soll doch – in Anlehnung an Rost (2001, S. 239) – eine grobe Orientierung anhand der Gaußschen Normalverteilung des Intelligenzquotienten (IQ) angegeben werden:

- Der IQ liegt für etwa zwei Drittel der Bevölkerung zwischen den Werten 85 und 115 und damit im Durchschnittsbereich.
- Werte zwischen 115 und 130 werden als überdurchschnittlich klassifiziert (14% betreffend)
- Kognitive Hochbegabung beginnt bei IQ-Werten ab 130 und betrifft ca. 2% der Gesamtbevölkerung.

Kann man hochbegabte Kinder schon im Vorschulalter erkennen?

Auch über die Frage, ob man eine Hochbegabung schon erkennen kann, wenn die Kinder noch nicht eingeschult sind, besteht in der Fachwissenschaft keine Einigkeit. Bei Rohrmann und Rohrmann (2010, S. 164) heißt es hierzu: „Entgegen verbreiteten Behauptungen ist Hochbegabung im Vorschulalter nicht zuverlässig zu diagnostizieren."

Dies wird damit begründet, dass Testergebnisse in diesem frühen Altern noch stark durch die interindividuell sehr unterschiedliche Entwicklungsgeschwindigkeit bestimmt werden. So können Kinder, die z.B. mit fünf Jahren kognitiv weit überdurchschnittlich entwickelt sind, mit sechs Jahren ähnlich hoch oder aber deutlich niedriger abschneiden, weil ihre kognitive Entwicklung nicht mehr ganz so schnell verläuft wie vorher.

Stapf (2008) hält demgegenüber eine Diagnose von Hochbegabung im Vorschulalter für durchaus möglich. In der von ihr geleiteten Hochbegabungsberatungsstelle in Tübingen hat sich dafür u.a. die Kaufmann-Assessment Battery for Children (K-ABC) als geeignet erwiesen.

Basierend auf dem damaligen Stand der Literatur und eigenen Erfahrungen nennt sie folgende charakteristische Verhaltensweisen von hochbegabten Vorschulkindern (ebd. S. 7):

„1. überragende Lern- und Begriffsleistungen sowie hohe Lerngeschwindigkeit bei sie interessierenden Aufgaben;

2. selbständiges Lesenlernen zwischen dem 2. und 5. Lebensjahr;

3. sehr elaboriertes (frühes) Sprechen […];

4. intensive Beschäftigung mit numerischen klassifikatorischen, gliedernden und ordnenden Tätigkeiten, ebenso Umgang mit Symbolen und abstrakten Konzepten

5. überragende Gedächtnisleistungen;

6. hohe Konzentration (Fokussierung) und außergewöhnliches Beharrungsvermögen (Persistenz) bei zu meist selbstgestellten intellektuellen Aufgaben."

Große sprachliche Fähigkeiten, gute Gedächtnisleistungen, frühes Lesen, Schreiben und Rechnen wurden sowohl von Eltern als auch von Erzieher/innen genannt, wenn sie hochbegabte Vorschulkinder anhand eines Tübinger Fragebogens beschreiben sollten (Lang, 2004).

Erzieher/innen unterschätzen die Fähigkeit von Kindern zum Teil stark, d.h. sie wissen oft gar nicht, dass diese schon lesen, schreiben oder rechnen können.

Bei 171 Vorschulkindern, die schon einstellige Zahlen addieren konnten und in der Tübinger Beratungsstelle vorgestellt wurden, verteilten sich die Beurteilungen der Erzieher/innen folgendermaßen:

1. richtig: 26,3%
2. falsch: 6,6%
3. keine Angabe: 67,1%

Dies zeigt eindeutig, dass die diagnostische Kompetenz der Erzieher/innen gerade im Hinblick auf begabtere Kinder optimiert werden könnte.

Brauchen hochbegabte Vorschulkinder eine besondere Förderung?

Zur Frage, ob hochbegabte Vorschulkinder eine besondere Förderung brauchen, gibt es unterschiedliche wissenschaftliche Standpunkte, die je nach individueller Situation ihre Berechtigung haben können:

1. Stapf (2008, S. 196) hebt hervor, dass hochbegabte Kinder, die Spezialkindergärten oder spezielle Zusatz angebote besuchen, ausgeglichener und zufriedener sind, da man dort besser mit deren hoher Verletzbar keit (Lärmempfindlichkeit, Scheu vor Gleichaltrigen, hohe Sensibilität, Erleben von Andersartigkeit) um gehen könne.
2. Rohrmann und Rohrmann (2010, S. 164f) lehnen demgegenüber spezielle Kursangebote für Begabte ab, v.a. wenn Auswahlprozeduren vorgeschaltet sind. Ihnen zufolge sollte eine gute individuelle Förderung in jedem Kindergarten möglich sein. Sie plädieren für eine Entdramatisierung der Diskussion und dafür, „die Kompetenzen von Erzieher/innen zu stärken und Kindergärten als Bildungseinrichtungen weiterzuent wickeln. Spezielle ,Hochbegabtenkindergärten' sind dann überflüssig".

Wie kann man begabte Vorschulkinder angemessen fördern?

In den letzten Jahren wurde auch der Kindergarten in der Diskussion um den angemessenen Umgang mit hochbegabten Kindern stärker berücksichtigt. Ein Grund dafür ist, dass er als Bildungsort quasi „wiederent deckt" wurde (BMBF, 2009, S. 47).

Hochbegabte Vorschulkinder brauchen wie alle Kinder „eine anregende (Kindergarten-) Umwelt und Herausforderungen, die ihnen vielfältige und komplexe sinnliche, geistige sowie fein- und grobmotorische Erfahrungen ermöglichen." (Stapf, 2008, S. 182). Der Mathematikdidaktiker Krummheuer wies darauf hin, „dass die beste Förderung einer mathematischen Begabung im Vorschulalter darin bestehe, die Kinder bei ihrer lustvollen (ganzheitlichen) Erfahrung zur (körperlich-seelischen) Erkundung ihrer Umwelt zu unterstützen" (Leuzinger-Bohleber, Fischmann & Lebiger-Vogel, 2009, S. 116).

Hierzu gehört auch, dass der „lustvolle Umgang mit Buchstaben und Zahlen [...] ebenso geschätzt werden" sollte „wie das kindliche Interesse am Lesen, Schreiben und Rechnen ..." (Stapf, 2008, S. 183).

Gerade im Bereich mathematischer Begabungen bietet sich im Elementarbereich eine Vielzahl von Möglichkeiten an, z.B. durch Spiele mit komplexeren Regeln. Einzelheiten dazu finden sich im zweiten Teil dieses Buches.

Gerade im letzten Kindergartenjahr fehlen besonders begabten Kindern oft *Gleichbefähigte* (meist ältere Kinder), mit denen sie anspruchsvollen Beschäftigungen nachgehen können (Stapf, 2008). Aus einer erlebten kognitiven Unterforderung heraus wenden sie sich dann eher an die Erwachsenen als an Gleichaltrige, was häufig als unreifes, unselbständiges Verhalten missverstanden wird.

In der Folge kann es zu aggressiven Verhaltensweisen, Clownereien, körperlicher Unruhe oder psychosomatischen Beschwerden kommen, wodurch ein Teufelskreis entstehen kann, wenn niemand eine Hochbegabung als Ursache in Betracht zieht und dies prüfen lässt (Stapf, 2008, S. 189).

Damit alle Kinder ihr Potenzial optimal entfalten können, ist eine akzeptierende und wertschätzende Grundhaltung ihnen gegenüber wichtig. Dies erfordert von den Erzieher/innen bisweilen viel Geduld, wenn sie z.B. mit Fragen begabter Kinder konfrontiert werden, die ihnen eigentlich zu komplex erscheinen. Es besteht die Gefahr, dass hochbegabte Kinder ausgebremst werden, weil fälschlicher Weise befürchtet wird, dass ihnen die Kindheit genommen würde und sie sich später in der Schule langweilen würden. Hier ist es wichtig, gemeinsam mit den Eltern und ggf. unter Heranziehung des schulpsychologischen Dienstes über den optimalen Einschulungszeitpunkt nachzudenken. In der Schule ist individuelle Förderung inzwischen ein wichtiges Prinzip, sodass auch Frühleser, -rechner und -denker dort gut gefördert werden können.

Konkrete Hinweise für eine Förderung hochbegabter Kinder finden sich beispielsweise in Stapf (2008, S. 194f.). Sie hält Kindergärten, Kinderakademien und regional angebundene Kinderclubs für zielführend. In der Broschüre des Bundesministeriums für Bildung und Forschung (BMBF) wird hingegen eher auf integrative anstatt auf segregierende Maßnahmen verwiesen. Hierbei handelt es sich um organisatorische Maßnahmen wie eine geeignete räumlich-materielle Ausstattung, vor allem Bücher, anspruchsvolle Spiele und altersgemischte Gruppen, möglichst auch in Verbindung mit Hortbetreuung. Des Weiteren werden längerfristige inhaltlich wie methodisch umfassende Vorhaben empfohlen, wie z.B. Projektarbeiten, Philosophieren, Einbindung von Experten und Mentoren.

In eine ähnliche Richtung gehen die Hinweise von Rohrmann und Rohrmann (2010, S. 168f.), die z.B. eine professionelle Informationsverarbeitung, z.B. Kindergartenradio oder -zeitung sowie eine Lernwerkstatt und Forscherräume mit entsprechenden Materialien und Anregungen propagieren. Weiterhin plädieren sie dafür, dass begabte Vorschulkinder die Welt entdecken sollen, und dies frühzeitig als Methode der Strukturierung und Erforschung allgemein zu nutzen. Aufgrund des schon frühzeitig gut entwickelten Verantwortungsbewusstseins dieser Kinder sollten bei Entscheidungen Mitbestimmungsmöglichkeiten gegeben sein (Rohrmann & Rohrmann, 2010, S. 168f).

Weitere Förderhinweise allgemeiner Art finden sich in dem von Koop et al. sowie von der Karg-Stiftung im Jahre 2010 herausgegebenen Handbuch für den Umgang mit Hochbegabung in Kindertagesstätten „Begabung wagen". Im Kapitel „Praxis der Förderung hochbegabter Kinder in der Kindertagesstätte" gibt es acht Beiträge. Erstaunlicherweise wird die Förderung bei mathematischen Begabungen weder in den Beitragstiteln noch in den jeweiligen Inhalten angesprochen. Zum naturwissenschaftlichen Bereich (Physik, Chemie) hingegen werden verschiedene Förderangebote vorgestellt, sodass die Lücke im mathematischen Bereich nicht darauf zurückführen ist, dass eventuell ein ganzheitliches und/oder fächerübergreifendes Förderkonzept zugrunde liegt.

Fazit und Ausblick

Eine anspruchsvolle mathematische Förderung vor Schuleintritt, wie sie im zweiten Teil dieses Buches beschrieben wird, ist aus pädagogisch-psychologischer und aus entwicklungspsychologischer Sicht für Kinder mit entsprechendem Interesse und hohen Fähigkeiten sinnvoll und wünschenswert. Daher sollten mathematisch begabte Vorschulkinder die Gelegenheit erhalten, an solchen Programmen teilzunehmen.

4. Wie wirksam ist mathematische Förderung im Vorschulalter? Ergebnisse einer wissenschaftlichen Evaluationsstudie

Vorüberlegungen

Bei der Suche nach Fördermöglichkeiten für Kinder im Vorschulalter kann man aus einer breiten Palette von Angeboten und Anregungen auswählen. Dabei gilt aber: Gut gemeint muss nicht gut gemacht heißen. Die meisten Förderprogramme werden zwar vermutlich nicht schaden, aber nützen sie auch?

Hier lohnt es sich genauer hinzusehen. Eine wissenschaftliche Überprüfung gibt Antworten auf wichtige Fragen, die einem bei der Auswahl eines geeigneten Förderprogramms helfen, z.B.:

- Werden die angezielten Fähigkeiten tatsächlich gefördert?
- Ist der Fördereffekt tatsächlich so groß, dass er den zeitlichen Aufwand und die Kosten rechtfertigt?

Methodisches Vorgehen bei der Evaluation

Das hier vorliegende Förderprogramm wurde hinsichtlich seiner Wirksamkeit mit Kindern im Vorschulalter aus sieben Kindergärten in Köln überprüft. Kriterien zur Auswahl der Kinder waren zum einen Merkmale des Lernens und des Denkens (z.B. originelle und fantasievolle Lösungsstrategien) sowie Besonderheiten der Arbeitshaltung und Interessen (z.B. ein hohes Maß an Perfektionismus und Hartnäckigkeit) und Merkmale im Bereich des sozialen Verhaltens (z.B. Beschäftigung mit Begriffen wie Recht/Unrecht oder Gut/Böse).

Diese Auswahlkriterien wurden den Erzieher/innen mithilfe einer Merkmalsliste (Sticker & Remmert, 2007) in einer Fortbildungsveranstaltung vermittelt. Dabei wurde auch auf die eher unauffällige Art hochbegabter Mädchen hingewiesen, um zu erreichen, dass diese nicht übersehen werden. Anhand von diesen Informationen wählten die Erzieher/innen insgesamt 72 Kinder aus, welche durch ein besonderes Interesse und Wissen an mathematischen Themen auffielen und die als kognitiv hochbegabt eingeschätzt wurden.

Eine Erfassung der Intelligenz mithilfe des Grundintelligenztests CFT 1 (Cattell, Weiß & Osterland, 1997) zeigte, dass es den Erzieher/innen im Durchschnitt gut gelungen war, besonders begabte Kinder zu nominieren. Die ausgewählten Kinder erzielten im Mittel auf der T-Skala ($M = 50$, $SD = 10$) ein überdurchschnittliches Ergebnis ($M = 60.49$; $SD = 7.83$).

Ziel des Förderprogramms war es, mathematisch besonders begabte Vorschulkinder zur aktiven Auseinandersetzung mit mathematischen Fragestellungen anzuregen. So sollten sie motiviert werden, ihre Potenziale zu nutzen, um auch im letzten Kindergartenjahr ihre Begabung weiter entfalten zu können.

Um überprüfen zu können, ob die Förderung tatsächlich die angezielten Fähigkeiten verbessert hat und wie groß diese Effekte sind, wurden die Kinder vor und nach der Teilnahme mithilfe von Tests zur Erfassung der mathematischen Fähigkeiten untersucht (siehe Abbildung 1). Die Förderung umfasste insgesamt acht Wochen, einen Zeitraum in dem sich Vorschulkinder vermutlich auch ohne eine spezifische Förderung weiterentwickeln. Um sicher zu gehen, dass eventuelle Fortschritte auch wirklich auf das Förderprogramm zurückzuführen sind, wurde eine Kontrollgruppe von Kindern gebildet, die keine mathematische, sondern eine sozial-emotionale Förderung erhielten. Der zeitliche Ablauf der Evaluationsstudie ist in der Abbildung 1 dargestellt.

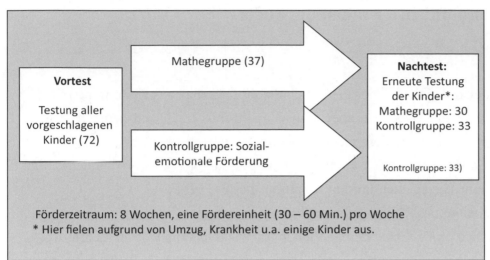

Förderzeitraum: 8 Wochen, eine Fördereinheit (30 – 60 Min.) pro Woche
* Hier fielen aufgrund von Umzug, Krankheit u.a. einige Kinder aus.

Abbildung 1:
Ablauf der Evaluation

Normalerweise werden beim klassischen wissenschaftlichen Vorgehen die Kinder der Kontroll- und Förder-
gruppe randomisiert, d.h. zufällig zugeteilt, sodass die beiden Gruppen vor Beginn des Förderprogramms über
die gleichen Voraussetzungen (hier mathematische Kompetenzen) verfügen. In die mathematische Förderung
der Mathegruppe wurden jedoch jeweils die Kinder eines Kindergartens aufgenommen, die die besten Testergebnisse in den mathematischen Testverfahren erzielt hatten, und zwar aus folgenden Gründen:

1. Es sollte sichergestellt werden, dass von der mathematischen Förderung tatsächlich die Kinder
   profitieren können, die potenziell besonders begabt waren und die bereits vor Beginn der Schule ein star-
   kes Interesse an diesem Bereich zeigten.

2. Es sollte vermieden werden, dass vor allem Kinder aus dem – relativ betrachtet – unteren Bereich der Tes-
   tergebnisverteilung überfordert werden.

3. Diese Gruppenbildung ließ sich den Eltern besser vermitteln als eine Zufallszuteilung und wurde daher als
   besonders günstig für deren Einwilligungsbereitschaft angesehen.

Die Anfangsunterschiede zwischen den Gruppen – etwas höhere mathematische Fertigkeiten und Fähigkeiten
in der Mathematikgruppe als in der Kontrollgruppe – wurden hinterher mithilfe der Kovarianzanalyse statistisch kontrolliert.

Die Förderung umfasste für beide Gruppen insgesamt acht Einheiten (à 30 bis 60 Minuten) und fand jeweils
in Kleingruppen von 3 bis 6 Kindern in den Räumlichkeiten der Kindergärten statt. Bei der mathematischen
Förderung gab es vier inhaltliche Schwerpunkte: Mengenauffassung, Zahlbegriff, einfache Rechenoperationen und räumliche Vorstellung. Das sozial-emotionale Förderprogramm für die Kontrollgruppe zielte auf Per-
spektivenübernahme und Empathiefähigkeit sowie Emotionsausdruck, -verständnis- und -regulation (Ahrens,
2008) ab.

Ergebnisse der Evaluation

Trotz der relativ wenig aufgewendeten Zeit zeigten die Ergebnisse der Evaluation, dass die ausgewählten Kinder von der Teilnahme profitierten und die beabsichtigten mathematischen Fähigkeiten steigern konnten. Um eine genaue Aussage über die tatsächliche Wirksamkeit des Förderprogramms treffen zu können, wurden die vier Förderschwerpunkte gezielt überprüft. Dabei wurden verschiedene psychologische Testverfahren eingesetzt (siehe Tabelle 1).

In der ersten Testung der Kinder mithilfe des OTZ zeigte sich ein Deckeneffekt, was bei der Testung von besonders begabten Kindern nicht ganz unerwartet ist. Einige Kinder der Mathegruppe lösten schon vor Beginn der Förderung alle Aufgaben des Osnabrücker Tests zur Zahlbegriffsentwicklung richtig und erzielten den höchstmöglichen Wert. Die Aufgaben des Tests waren für die Mathegruppe offensichtlich zu einfach. Diesen Test nach der Förderung erneut einzusetzen, hätte wenig Sinn gemacht. Daher kann zur Wirksamkeit des Förderprogramms auf die Zahlenbegriffsentwicklung keine Aussage getroffen werden, da passende Testverfahren für besonders „pfiffige" Kinder auf dem Markt zu dieser Zeit nicht angeboten wurden.

Tabelle 1: Übersicht über die eingesetzten psychologischen Testverfahren

Förderschwerpunkt	**Verwendete Testverfahren**
Zahlbegriff	Osnabrücker Test zur Zahlbegriffsentwicklung (OTZ; van Luit, van de Rijt & Hasemann, 2001)
Mengenauffassung	Kognitiver Fähigkeits-Test (KFT-K; Heller & Geisler, 1983), Untertest: rechnerisches Denken
Einfache Rechenoperationen	Kaufmann-Assessment Battery for Children (K-ABC; Melchers & Preuss, 1991), Untertest: Rechnen
Räumliches Vorstellen	Landkartentest (LK; Peter, Glück, & Beiglböck, in Vorb.)

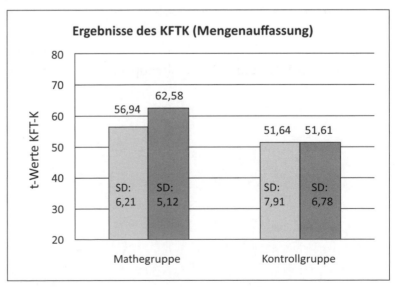

Abbildung 2:
Ergebnisse des KFT-K; Mengenauffassung

Abbildung 2 zeigt deutlich, dass die Kinder der Mathegruppe ihre Kompetenzen hinsichtlich Mengenauffassung aus einem bereits leicht erhöhten Ausgangsniveau steigern konnten, während die Kinder der Kontrollgruppe sich bei der zweiten Testung nicht verbesserten. Die statistische Überprüfung mithilfe der Kovarianzanalyse bestätigt, dass die Mathegruppe ihre Kompetenzen durch das Förderprogramm weiter ausbauen konnten (F[1,66]= 41.887 p<.001).

Ein ähnlicher Effekt zeigte sich auch bei den einfachen Rechenoperationen, erhoben mit der K-ABC, (siehe Abbildung 3). Während sich die Kontrollgruppe im Förderzeitraum nicht weiterentwickelte, konnte die Mathegruppe ihre Kompetenzen im Bereich einfache Rechenoperationen weiter ausbauen (F[1,66]= 55,378; p<.001). Bemerkenswert bleibt, dass die Mathegruppe bereits vor der Förderung weit überdurchschnittliche Ergebnisse in diesem Bereich erzielten. Diese guten Ergebnisse konnten sie nach dem Förderprogramm sogar noch verbessern.

Ähnlich sehen die Ergebnisse für den Förderschwerpunkt räumliches Vorstellen aus (Abbildung 4). Während die Ergebnisse der Kontrollgruppe sich vor und nach dem Programm nicht signifikant voneinander unterscheiden, konnten die Kinder der Mathegruppe ihr räumliches Vorstellungsvermögen durch die Förderung verbessern (F[1,66]= 16,97 p<.001).

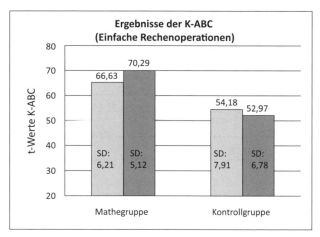

Abbildung 3:
Ergebnisse der K-ABC, einfache Rechenoperationen

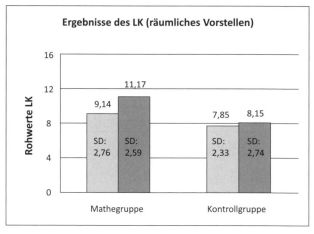

Abbildung 4:
Ergebnisse des LK; räumliches Vorstellen

Zusammenfassung

Zusammenfassend zeigt die Evaluation des Förderprogramms, dass die Kinder ihre Kompetenzen in den Bereichen Mengenauffassung, einfache Rechenoperationen und räumliches Vorstellen im Verlaufe des mathematischen Förderprogramms signifikant steigern konnten. Die Steigerung war so stark, dass man in der Statistik (Bortz & Döring, 2006) von besonders bedeutsamen Effekten sprechen kann (Effektstärken für Mengenauffassung: $d_{korr} = 1.053$; einfache Rechenoperationen: $d_{korr} = 1.213$; räumliches Vorstellen: $d_{korr} = 0.631$).

Dass zum Zahlbegriff keine signifikanten Ergebnisse vorliegen, da der gewählte Test zu einfach war, schließt nicht aus, dass sich die Kinder in dieser Hinsicht trotzdem verbessert haben könnten.

Neben der statistisch nachgewiesenen Effektivität des mathematischen Förderprogamms interessieren aber auch die Erlebensweisen der Kinder selbst, d.h. die Fragen wie haben sich die Kinder bei der Teilnahme gefühlt, wurde das Programm ihrem Wissensdurst und ihrem Interesse an mathematische Themen gerecht, hatten die Kinder Freude an dem Programm? Eine Befragung der Erzieher/innen ergab, dass 96% der Kinder sich positiv über die Teilnahme äußerten, so freuten sie sich z.B. auf die bevorstehenden Förderstunden. Übereinstimmend berichteten die Erzieher/innen einen weiteren nachhaltigen Effekt. Fast alle Kinder der Mathematikgruppe beschäftigten sich nach den Förderstunden selbstständig spontan mit mathematischen Spielen. Mit anderen Worten: Das Förderprogramm hat die Freude und das Interesse an Mathematik (weiter) gefördert und stellt damit eine wichtige Voraussetzung für einen guten Start in die Schule dar.

5. Literaturverzeichnis

Ahrens, D. (2008). Evaluation eines mathematischen Förderprogramms für begabte Kinder im Vorschulalter. Unveröffentlichte Diplomarbeit, Universität Köln.

Antell, J. R. & Keating, D. P. (1983). Perception of numerical invariance in neonates. Child Development, 54, 695–701.

Bortz, J. & Döring, N. (2006). Forschungsmethoden und Evaluation für Human- und Sozialwissenschaftler. Berlin, Heidelberg.

Bundesministerium für Bildung und Forschung BMBF (Hrsg.) (2009). Begabte Kinder finden und fördern – Ein Ratgeber für Elternhaus und Schule. Bonn.

Carpenter, T. P. &Moser, J. M. (1983). The aquisition of addition and subtraction concepts. In R. Lesh & M. Landau (Hrsg.) Aquisition of mathematics concepts and process (pp 7–44). New York.

Cattel, R. B., Weiß, R. H. & Osterland, J. (1997). Grundintelligenztest Skala 1 (CFT-1). Göttingen.

Dehaene, S. (1999). Der Zahlensinn oder Warum wir rechnen können. Basel.

Friedrich, G. & de Galgóczy, V. (2004). Komm mit ins Zahlenland: eine spielerische Entdeckungsreise in die Welt der Mathematik. Freiburg im Breisgau.

Fuson, K. C. (1988). Children's counting and concepts of number. New York.

Geary, D. C. (2000). From infancy to adulthood: the development of numerical abilities. European Child & Adolescent Psychiatry, 9, II/11 – II/16.

Gelman, R. & Gallistel, C. R. (1986). The child's understanding of number. Cambridge.

Hasemann, K. (2003a). Ordnen, Zählen, Experimentieren. Mathematische Bildung im Kindergarten. In S. Weber (Hrsg.), Die Bildungsbereiche im Kindergarten. Basiswissen für Ausbildung und Praxis (S. 181–205). Freiburg im Breisgau.

Hasemann, K. (2003b). Anfangsunterricht Mathematik. Heidelberg.

Heller, K. A. & Geisler, H.-J. (1983). Kognitiver Fähigkeits-Test (Kindergartenform). Weinheim.

Heller, K. A. & Hany, E. A. (1996). Psychologische Modelle der Hochbegabtenförderung. In F. E. Weinert (Hrsg.), Psychologie des Lernens und der Instruktion (S. 477–513). Göttingen.

Hoenisch, N. & Niggemeyer, E. (2004). Mathe-Kings. Junge Kinder fassen Mathematik an. Weimar.

Kaufmann, L., Handl, P. & Delazer, M. (2005). Wie Kinder rechnen lernen und was ihnen dabei hilft. In M. von Aster & J. H. Lorenz (Hrsg.), Rechenstörungen bei Kindern. Neurowissenschaft, Psychologie, Pädagogik (S. 178–201). Göttingen.

Koop, C., Schenker, I., Müller, G., Welzien, S. Karg-Stiftung (Hrsg.) (2010). Begabung wagen. Hand buch für den Umgang mit Hochbegabung in Kindertagesstätten. Weimar.

Krajewski, K. (2003). Vorhersage von Rechenschwäche in der Grundschule. Hamburg: Dr. Kovač

Lang, A. (2004). Begabte Kinder – beim Schulanfang im toten Winkel? Begabungsförderung in der Grundschule unter besonderer Berücksichtigung des Anfangsunterrichts. Berlin.

Leuzinger-Bohleber, M., Fischmann, T. & Lebiger-Vogel, J. (2009). Weißt du, manchmal möchte ich nicht mehr leben. In R. Haubl, F. Dammasch & H. Krebs (Hrsg.), Riskante Kindheit (S. 87–128). Göttingen.

Lipton, J. S. & Spelke, E. S. (2003). Origins of number sense: Large number discrimination in human infants. Psychological Science, 14, 396–401.

Melchers, P. & Preuß, U. (1991). Kaufmann-Assessment Battery for Children (K-ABC). Frankfurt/M.

Merdian, G. (2005). Training mathematischer Vorläuferfertigkeiten im Vorschulalter. Kindergartenpädagogik - Online Handbuch.

Mittag, E., Remmert, B. & Sticker, E. (2006). Hochbegabung diagnostiziert – was dann? Strategien der Beratung. In H. Wagner (Hrsg.), Intellektuelle Hochbegabung. Aspekte der Diagnostik und Beratung (S.114–120). Bad Honnef.

Perras, B. (2004). Mathematisches Können im Kindergarten – Förderung des Mengen-, Ziffern- und Zahlbegriffs. Kindergartenpädagogik – Online Handbuch.

Peter, M., Glück, J. & Beiglböck, W. (in Vorb.). Der Landkartentest.

Rost, D. (2001). Hochbegabung. In D. Rost (Hrsg.), Handwörterbuch Pädagogische Psychologie (S. 239–248). Weinheim.

Stapf, A. (2008). Hochbegabte Kinder: Persönlichkeit, Entwicklung, Förderung. München.

Stern, E. (1998). Die Entwicklung des mathematischen Verständnisses im Kindesalter. Lengerich.

Sticker, E. J. & Remmert, B. (2007). Merkmalsliste für Erzieherinnen zur Auswahl hochbegabter Vorschulkinder. Projekt Hochbegabung Köln (unveröffentlicht, erhältlich bei Sticker).

Stöger, H., Schirner, S. & Ziegler, A. (2008). Ist die Identifikation Begabter schon im Vorschulalter möglich? Ein Literaturüberblick. Diskurs Kindheits- und Jugendforschung, Heft 1-2008, 7–24.

Van de Rijt, B. A. M., Van Luit, J. E. H. & Hasemann, K. (2000). Zur Messung der frühen Zahlenbegriffsentwicklung. Zeitschrift für Entwicklungspsychologie und Pädagogische Psychologie, 32, 14–24.

Van Luit, J. E. H., Van de Rijt, B. A. M. & Hasemann, K. (2001). Osnabrücker Test zur Zahlbegriffsentwicklung (OTZ). Göttingen.

Wynn, K. (1990). Children's understanding of counting. Cognition, 36, 155–193.

Wynn, K. (1998). Psychological foundations of number: Numerical competence in human infants. Trends in Cognitive Sciences, 2, 296–303.

Xu, F. & Spelke, E. S. (2000). Large number discrimination in 6-month-old infants. Cognition, 74, B1–B11.

Xu, F. (2003). Numeriosity discrimination in infants: Evidence for two systems of representations. Cognition, 89, B15–B25.

Teil II: Praxis

Wie läuft das Förderprogramm ab?

„Mathematisch begabt" fördert nachweislich mathematische Vorläuferfähigkeiten bei Mädchen und Jungen im Vorschulalter (siehe „Wie wirksam ist mathematische Förderung im Vorschulalter?"). In insgesamt acht Fördereinheiten beschäftigen sich zukünftige Schulkinder auf einem hohen Niveau mit vier grundlegenden mathematischen Bereichen *Mengenauffassung, Zahlbegriff, einfache Rechenoperationen und räumliches Vorstellungsvermögen.*

Für den Ablauf des Förderprogramms „Mathematisch begabt" bietet es sich an, alle teilnehmenden Kinder in Kleingruppen von drei bis fünf Personen aufzuteilen, um optimale Lernerfolge zu erzielen. Die geringe Gruppengröße gewährleistet eine individuelle Interaktion zwischen dem einzelnen Kind und dem Übungsleiter. Auf diese Weise können einzelne Übungen an individuelle Leistungskomponenten adaptiert werden und eine schnelle Rückmeldung ist möglich.

Das Förderprogramm ist für einen Zeitraum von ca. acht Wochen konzipiert, in dem jeweils eine Fördereinheit pro Woche empfohlen wird. Die jeweiligen Räumlichkeiten zur Durchführung von „Mathematisch begabt" sollten den teilnehmenden Mädchen und Jungen ermöglichen, in einer ruhigen und ansprechenden Lernumgebung (z.B. ausreichend Platz auf dem Tisch) am Programm mitzuwirken.

Für den Ablauf von „Mathematisch begabt" bietet sich die folgende Reihenfolge der vier inhaltlichen Schwerpunkte an:

Förderbereich	Übungseinheit
A Mengenauffassung	1. Übungseinheit 2. Übungseinheit
B Zahlbegriff	3. Übungseinheit 4. Übungseinheit
C Einfache Rechenoperationen	5. Übungseinheit 6. Übungseinheit
D Räumliche Vorstellung	7. Übungseinheit 8. Übungseinheit

Förderbereich A: Mengenauffassung

Förderbereich A: Mengenauffassung

Die Mengenauffassung, also das Verstehen von Relationen wie „mehr als", „weniger als" und „gleich viel", ist eine wichtige Voraussetzung für das Erlernen des numerischen Systems.
„Mehr als" meint dabei die größere Quantität und nicht das, was einen größeren Raum einnimmt. Auch dazu gehört das Wissen, dass eine Menge „gleich" bleibt, solange nichts hinzugefügt oder weggenommen wird. [1]

 Übung 1: Perlengläser [2]

Materialien:
• 5 oder mehr Gläser der gleichen Form und Größe
• Perlen verschiedener Farben
• Zahlenscheiben von 0-100

Die Gläser werden jeweils mit Perlen einer Farbe gefüllt. Die Mengenverhältnisse der Perlen unterscheiden sich dabei von Glas zu Glas.

Folgende Aufgaben können den Kindern beispielsweise gestellt werden:

• In welchem Glas befinden sich die meisten/wenigsten Perlen?
• Ordne die Gläser der Reihenfolge nach. Beginne mit dem kleinsten/größten Glas.
• In welchem Glas befinden sich mehr Murmeln als in dem Glas mit den (z.B.) grünen und den (z.B.) roten Murmeln zusammen? In welchem Glas befinden sich genauso viele Murmeln wie in dem Glas mit den grünen und roten Murmeln zusammen?

• Welche Murmelgläser muss man zusammentun, um genauso viele Murmeln zu haben wie in dem (z.B.) grünen Murmelglas?
• Welche Murmelgläser muss man zusammentun, um mehr Murmeln zu haben als in dem (z.B.) grünen Murmelglas?
• Ordne die Zahlenscheiben folgendermaßen: die kleinste Zahl auf das leerste Glas bzw. die größte Zahl auf das vollste Glas oder entgegengesetzt (die größte Zahl auf das leerste Glas bzw. die kleinste auf das vollste Glas).

[1] In Anlehnung an: Quaiser-Pohl, C., Meyer, S., & Köhler, A. (2008).
[2] In Anlehnung an: Rademacher, J., Lehmann, W., Quaiser-Pohl, C., Günther, A. Trautewig, N. (2009), z.B. S. 23

Übung 2: Im Urwald

Materialien:
- Arbeitsblatt mit Urwaldmotiven (Arbeitsblatt 1)
- Karten mit Urwaldmotiven (aus Arbeitsblatt 1 zu erstellen)

In der Mitte des Tisches liegt ein Arbeitsblatt, auf dem verschiedene Motive des Urwaldes abgebildet sind. Es befindet sich immer eine unterschiedliche Anzahl an Motiven in einem Segment.

An die Kinder werden Karten verteilt, auf denen sich die jeweiligen Motive wiederfinden, jedoch in anderen Mengenanordnungen als auf dem Arbeitsblatt. Die Kinder sollen die gezogenen Karten dem jeweiligen Segment zuordnen. Dabei gibt es auch Karten, die auf kein Segment passen.

Übung 3: Felder teilen [3]

Materialien:
- Arbeitsblatt 2 mit Sternchenfeldern

Die Kinder bekommen ein Arbeitsblatt, auf dem verschiedene viereckige Felder zu sehen sind. In diesen ist jeweils eine unterschiedliche Anzahl an Sternchen enthalten. Die Aufgabe der Kinder besteht darin, die in die Felder eingezeichneten Punkte durch Linien erst zu halbieren und dann zu vierteln. In jedem Teil soll anschließend eine gleiche Anzahl an Punkten zu sehen sein.

Übung 4: Mengentrick

Materialien:
- 2 gleich große Gläser
- 1 bis 3 weitere durchsichtige Gefäße ungleicher Form, Breite und Größe
- verschiedene Spiel- und Naturmaterialien

Zunächst werden zwei gleich große Gläser mit einer identischen Menge Perlen o.Ä. gefüllt. Die Kinder sollen hier erkennen, dass die Menge in beiden Gefäßen gleich ist.

Die Perlen werden in ein anderes Gefäß umgeschüttet, sodass es so aussieht, als ob in einem Glas jetzt eine geringere Menge enthalten ist. Die Kinder sollen nun sagen, in welchem der beiden Gefäße die größere Menge enthalten ist.

[3] In Anlehnung an: Käpnick, F. & Fuchs, M. (Hrsg.). (2004), S. 40

Übung 5: Mengendomino

Materialien:
• handelsübliches Mengendomino

Zunächst sollen die Kinder immer die passenden Steine anlegen. Dann kann das Spiel individuell verändert und in seiner Schwierigkeit variiert werden.

Sehr gute Kinder können dann z.B. Steine anlegen, die einen/zwei Punkt(e) mehr/weniger haben.

Übung 6: Plättchenspiel

Materialien:
• Plättchen mit verschiedenen Motiven
  (Arbeitsblatt 3)

Plättchen mit verschiedenen Bildern werden jeweils ausgeschnitten und in zwei Reihen so auf den Tisch untereinander gelegt, dass in der unteren Reihe ein etwas größerer/kleinerer Abstand zwischen den Motiven ist. Die Kinder sollen dann sagen, ob sich in der oberen oder unteren Reihe mehr Motive befinden bzw. ob es die gleiche Anzahl ist.

a) Gleichheitsrelation
Hier befindet sich die gleiche Anzahl von Elementen in den untereinanderliegenden Reihen.
Die Kinder werden gefragt:
„Schaut mal, in welcher Reihe sind denn jetzt mehr Schafe, oben oder unten? Oder sind es vielleicht genau gleich viele Schafe oben und unten. Schaut genau hin!"
Bei einer falschen Antwort sollen die Kinder nachzählen und man schiebt die Reihe mit den weiter auseinanderliegenden Elementen zur Demonstration zusammen.

b) Ungleichheitsrelation
Hier sind in den beiden Reihen unterschiedliche Anzahlen von Elementen (unten weniger Schafe als oben). Aber die Reihe, in der weniger Elemente vorhanden sind, wird so auseinander geschoben, dass beide Reihen gleich lang aussehen. Die Kinder werden gefragt:
„Schaut mal die Schäfchen an, sind oben oder unten mehr Schäfchen oder sind es gleich viele?"

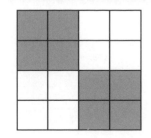

Übung 7: Mengen halbieren [4]

Materialien:
• Arbeitsblatt 4

Auf vorgegebenen Arbeitsblättern befinden sich Quadrate (4x4 und 6x6), die auf verschiedene Weise in zwei Hälften geteilt sind. Die Kinder sollen alle Quadrate finden, in denen die Anzahl der jeweils farbigen und weißen Quadrate genau gleich groß ist.

Diese Aufgabe kann in ihrem Schwierigkeitsgrad variiert werden. Kinder, die schon fertig sind, sollen eigene Lösungsmöglichkeiten finden:

- die 4x4 Quadrate in zwei gleich große Hälften zu teilen
- die 6x6 Quadrate in zwei gleich große Hälften zu teilen

Übung 8: Halli Galli

Materialien:
• „Halli Galli"-Spiel [5]

Zunächst wird das Spiel gemäß der Spielanleitung gespielt. Hierbei darf immer auf die Glocke geschlagen werden, sobald jeweils 5 Stück einer Frucht auf dem Spieltisch liegen.

Je nach Schwierigkeitsgrad kann das Spiel adaptiert werden.

Mögliche Beispiele: Hau auf die Glocke, wenn ...

- von einer Frucht die meisten liegen
- eine Erdbeere mehr liegt als eine Pflaume
- eine Banane weniger liegt als Erdbeeren

---

[4] In Anlehnung an: Käpnick, F. & Fuchs, M. (Hrsg.). (2004), S. 85
[5] Halli Galli-Spielhersteller: AMIGO Spiel + Freizeit

Förderbereich B:
Zahlbegriff

Förderbereich B: Zahlbegriff

Zum Zahlbegriff gehört das Wissen um Zahlbilder und Zahlwörter sowie die Zählfertigkeit. Letztere beinhaltet die Beherrschung der Zahlwortreihe und die korrekte Eins-zu-Eins-Zuordnung, um die Anzahl einer Menge korrekt bestimmen zu können. [6]

 Übung 1: Zahlen kennenlernen [7]

Materialien:
• Zahlenscheiben 0 bis 100
• Arbeitsblatt 5

Aus den Zahlscheiben 0 bis 100 (siehe Abbildung) sollen die Kinder eine Zahl, die ihnen gefällt, heraussuchen. Sie sollen begründen, warum sie diese Zahl mögen, wie diese heißt und auf vorbereiteten Arbeitsblättern die Zahl erneut schreiben. Dann können noch Vorgänger und Nachfolger der Zahl benannt werden. Das Spiel dient zum Kennenlernen und zur Einführung in die Thematik.

 Übung 2: Zahlenkreise

Materialien:
• Zahlenscheiben 0 bis100

In dieser Übung wird wieder mit den Zahlenscheiben 0 bis 100 (siehe Abbildung oben) gearbeitet.

1. Die Kinder sollen alle Zahlen benennen, wobei die sehr guten Kinder die schwierigeren Zahlen benennen sollen.
2. Die Zahlen sollen geordnet werden.
3. Verschiedene Zählvariationen werden geübt (9–15; 23–31; 37–45; 52–61; 64–70; 73–83; 90–100)
4. Rückwärtszählen (von 10, von 20, von 30 etc. bzw. von 34, von 45 usw.)

---

[6] In Anlehnung an: Quaiser-Pohl, C., Meyer, S., & Köhler, A. (2008).
[7] In Anlehnung an: Käpnick, F. & Fuchs, M. (Hrsg.). (2004). S: 48

Übung 3: Rhythmisches Zählen

Materialien:
- Arbeitsblatt 6 und 7
- Stifte und Klebepunkte

Die Kinder bekommen Arbeitsblätter, auf denen sie verschiedene Zählstrategien anwenden und ausprobieren sollen. Die Aufgabe der Kinder besteht darin, die vorgegeben Zählrhythmen zu vervollständigen.

Dabei spielt es keine Rolle, ob die Kinder die Zahlen in die Kästchen schreiben, aufmalen oder mit Punkten die entsprechende Anzahl aufkleben. Kinder, die damit noch nicht so vertraut sind, dürfen auf das „Blatt der 100 Zahlen" schauen. Sehr gute Kinder sollen die Aufgabe ohne Hilfe des Blattes lösen.

1. Zahlenfolge „+ 1"
2. Zahlenfolge „+ 2"
3. Zahlenfolge „+ 3"
4. Zahlenfolge „+ 4"
5. Zahlenfolge „+ 5"
6. eigener Zahlenrhythmus

7. Zahlenfolge „+ 10"
8. eigener Zahlenrhythmus
9. Zahlenfolge „– 2"
10. Zahlenfolge „– 3"
11. Zahlenfolge „– 2"
12. Zahlenfolge „– 3"

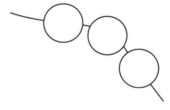

 Übung 4: Perlen auffädeln bis 20

Materialien:
- Arbeitsblatt 8
- Stifte oder Zaubersteine

Die Kinder bekommen Arbeitsblätter mit den Perlenschnüren und je zwei verschiedene Farben von Zaubersteinen oder Stiften ausgeteilt. Anhand der vorgegeben Zahlen sollen sie die jeweils andere Farbe um die entsprechende Anzahl von Steinen auf der Perlenschnur ergänzen oder die Felder im entsprechenden Arbeitsblatt ausmalen.

Diese Aufgabe kann für schnelle Kinder auch auf den Bereich bis zur 40 ausgeweitet werden.

Übung 5: Würfelbecher

Materialien:
- Würfelbecher
- „Ikosaeder": Ein aus zwanzig dreieckigen Flächen bestehender Würfel

Mit einem Würfelbecher soll gewürfelt werden.

Darin befinden sich drei „Ikosaeder", auf denen die Zahlen von 1 bis 20 abgebildet sind. Die Kinder sollen die Zahlen aller drei Würfel benennen und die jeweils größte und kleinste Zahl zeigen.

Sehr gute Kinder können versuchen, aus den Ziffern zweier Würfel neue Zahlen zu bilden.

(Beispiel: 12 und 3 = 123)

Übung 6: Zahlenfolgen

Materialien:
- Arbeitsblatt 9

Die Kinder bekommen erneut Anfänge von Zahlenfolgen vorgelegt, die sie vervollständigen sollen.

1. Zahlenfolge „+ 2"
2. Zahlenfolge „+ 4"
3. Zahlenfolge „+ 0 + 1"
4. Zahlenfolge „+ 0 + 4"

5. Zahlenfolge „– 2"
6. Zahlenfolge „– 0 – 2"
7. Zahlenfolge „– 0 – 1"
8. Zahlenfolge „10, 1, 9, 1, 8, 1 usw."

Übung 7: Wiederholung der Zahlenkreise

Materialien:
- Zahlenscheiben 1 bis 100

Die Zahlenkreise werden ungeordnet auf dem Tisch/Boden verteilt. Jedes Kind zieht nacheinander eine Zahl, benennt diese und ordnet sie anhand des „100 Zahlen-Blatt" ein. Dann wird noch zugeordnet, ob die Zahl größer oder kleiner ist als die des Vorgängers.

Übung 8: Erforsche die Zahlen bis 100 [8]

Materialien:
• Arbeitsblatt 7

Die Kinder bekommen ein „100-Zahlenblatt". Folgende Fragen werden gemeinsam erarbeitet:
1. Wo stehen auf dem Hunderterfeld die Zehnerzahlen?
2. Wie viele Zehnerzahlen gibt es?
3. Was haben alle Zahlen einer Spalte gemeinsam?
4. Was haben alle Zahlen einer Zeile gemeinsam?
5. Wie viele Zahlen stehen immer in einem schwarzen Quadrat?
6. Was kannst du noch alles entdecken?

Übung 9: Ein Fisch ist anders

Materialien:
• Arbeitsblatt 10

In jedem Aquarium schwimmt jeweils ein Fisch, der eine Zahl trägt, die nicht zu den Zahlen der anderen Fische passt. Die Kinder sollen den jeweiligen Fisch finden und erklären, warum er anders ist als die anderen Fische im Aquarium.

[8] In Anlehnung an: Käpnick, F. & Fuchs, M. (Hrsg.). (2004), S. 91

B Zahlbegriff

Förderbereich C:
Einfache Rechenoperationen

Förderbereich C: Einfache Rechenoperationen

Bei den einfachen Rechenoperationen zeigt sich, inwieweit der Zählvorgang verstanden wurde. Dieser ist Voraussetzung für das Addieren und Subtrahieren und das spätere Multiplizieren und Dividieren. [9]

Übung 1: Kaufmannsladen

Materialien:
- Sortiment eines Kaufmannsladens oder andere Dinge, die sich zum Verkaufsspiel eignen

Auf einem Tisch werden Spielzeuglebensmittel aufgestellt. Die Kinder bekommen gebastelte 1- und 2-Euro-Münzen und können mit diesen verschiedene Dinge einkaufen. An den verschiedenen Artikeln stehen Preise und die Kinder müssen errechnen, welche Artikel sie sich kaufen können.

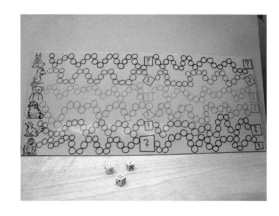

Übung 2: Tier-Rennen

Materialien:
- selbst gestaltetes Spielbrett oder ein bereits vorhandenes Spielbrett [10]

Auf einem Blatt ist die Startposition der teilnehmenden Tiere gekennzeichnet. Jedes Kind darf sich ein Tier aussuchen, mit welchem es ins Rennen gehen möchte. Derjenige, der gerade an der Reihe ist, muss mit zwei bzw. drei Würfeln würfeln und darf die Summe der Augenzahlen vorrücken.
Kommt man auf ein gekennzeichnetes Sonderfeld, muss eine extra schwierige Knobelaufgabe (z.B. Rätsel) gelöst werden. Erst wenn man diese richtig beantwortet hat, darf man weiter. Das Tier, welches als erstes am Ziel ist, hat gewonnen.

Übung 3: Rechenaufgaben

Materialien:
* Arbeitsblatt 11
* Rechenschlangen (selbst gebastelt)
* Zahlenstrahl (selbst gebastelt)

Die Kinder bekommen ein Arbeitsblatt, auf dem die Anzahl verschiedener Motive addiert und subtrahiert werden sollen. In verschiedenen Schwierigkeitsabstufungen soll dabei auch mit Zahlen im negativen Bereich gerechnet werden. Zur Hilfe bekommen die Kinder „Rechenschlangen" sowie einen Zahlenstrahl, der sich auch in den Minusbereich erstreckt.

 Übung 4: Rechendreiecke

Materialien:
* Arbeitsblatt 12
* Zaubersteine

Die Kinder bekommen Arbeitsblätter ausgeteilt, auf denen gängige Rechendreiecke zu sehen sind.
In verschiedenen Schwierigkeitsabstufungen sollen sie zunächst mit Zaubersteinen oder Punkten versuchen die richtigen Zahlenkombinationen zu legen. In einer nächsten Stufe soll dann eine Zahl errechnet werden, dann zwei bzw. noch mehr.

 Übung 5: Plättchen legen

Materialien:
* Arbeitsblatt 13
* Zaubersteine

In dieser Übung bekommen die Kinder ein Arbeitsblatt und Zaubersteine ausgeteilt. In einem eingezeichneten Legefeld haben sie die Möglichkeit, die gestellten Aufgaben mithilfe von Rechenkreisen nachzulegen und dann erst die richtige Lösung hinzuschreiben.

Übung 6: Halbieren und Verdoppeln

Materialien:
- Arbeitsblatt 14
- Legeblatt von Arbeitsblatt 13
- Zaubersteine

Mit Zaubersteinen sollen Aufgaben nachgelegt werden und in einem nächsten Schritt selbstständig gerechnet werden.

 Übung 7: Wie viele Plättchen hat die Schildkröte?

Materialien:
- Arbeitsblatt 15
- Zaubersteine
- Schildkrötenvorlagen

Auf vorgegebenen Arbeitsblättern befinden sich Schildkröten. Die Vorlagen können durch Kopieren vergrößert werden. Die Kinder haben die Aufgabe, verschiedene Möglichkeiten zu finden, den Schildkrötenpanzern 5, 10 und 20 (25, 50, 100) Plättchen zu geben.
Dazu können die Kinder jederzeit anhand ihrer Schildkrötenvorlagen ihre Ergebnisse überprüfen oder ausprobieren.

 Übung 8: Zahl ergänzen

Materialien:
- Arbeitsblatt 16

Die Aufgabe der Kinder besteht darin, Zahlen in Additionsaufgaben zu ergänzen. Sehr gute Kinder können dies auf der zweiten Seite ohne die Bilder versuchen.

Förderbereich D:

Räumliche Vorstellung

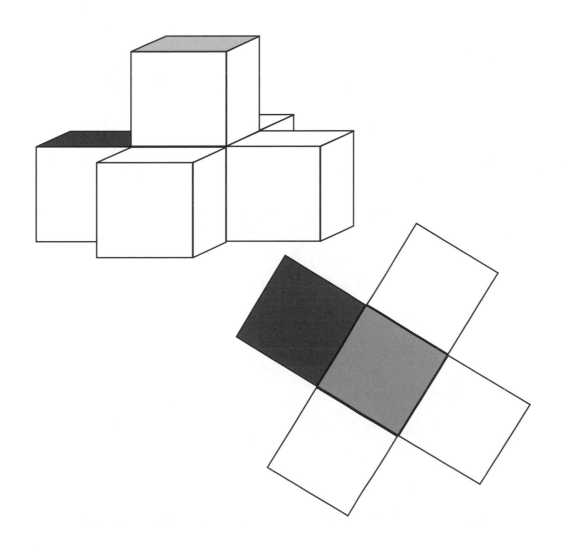

Förderbereich D: Räumliche Vorstellung

Das räumliche Vorstellen besitzt eine hohe Alltagsrelevanz. In der Mathematik dient es der Orientierung im Zahlenraum, zum Beispiel beim Finden eines Vorgängers oder Nachfolgers einer Zahl. [11]

Übung 1: Mein Hut, der hat drei Ecken... [12]

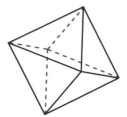

Materialien:
- Arbeitsblatt 17
- Zaubersteine oder Stifte

Die Kinder bekommen ein Arbeitsblatt, auf welchem sich verschiedene geometrische Figuren befinden. Die Aufgabe der Kinder besteht darin, alle vorhandenen Ecken der Figuren zu zählen und aufzuschreiben oder mit Zaubersteinen zu legen.

Übung 2: Labyrinthe

Materialien:
- Arbeitsblatt 18

Die Kinder erhalten Arbeitsblätter, auf denen Labyrinthe verschiedener Größen und Schwierigkeitsstufen abgebildet sind. So schnell und richtig wie möglich soll der korrekte Weg herausgefunden werden.

Übung 3: Streichholzfiguren legen

Materialien:
- Arbeitsblatt 19
- Steichhölzer

Die Kinder sollen dargestellte Figuren mit Streichhölzern nachlegen und versuchen, die jeweiligen Aufgaben zu lösen.

[11] In Anlehnung an: Quaiser-Pohl, C., Meyer, S. & Köhler, A. (2008).
[12] In Anlehnung an: Rademacher, J., Lehmann, W., Quaiser-Pohl, C., Günther, A. Trautewig, N. (2009), S.30

Übung 4: Bilder rotieren [13]

Materialien:
- Arbeitsblatt 20
- Rotationsvorlagen

In dieser Übung bekommen die Kinder ein Arbeitsblatt ausgeteilt, auf dem verschiedene Figuren zweidimensional rotiert sind.
Die Kinder sollen den mit dem Ausgangsreiz identischen Reiz unter den Bildern finden. Um einen Einstieg in die Aufgabe zu bekommen, werden anfangs Motive ausgeteilt, die von Hand zu drehen sind.

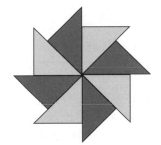

 Übung 5: Dreiecke legen

Materialien:
- Arbeitsblatt 21
- ausgeschnittene Dreiecke

Die Kinder bekommen Papierdreiecke ausgeteilt, mit denen sie vorgegebene Figuren nachlegen sollen.

 Übung 6: Würfel nachbauen

Materialien:
- Arbeitsblatt 22
- handelsübliche Holzbausteine

Auf vorgegebenen Arbeitsblättern befinden sich Abbildungen von Würfelfiguren. Die Kinder sollen die Abbildungen mit Holzbauklötzen nachbauen.

[13] In Anlehnung an: Marke, S., Quaiser-Pohl, C. & Rohe, A. (in Vorb.)

D Räumliche Vorstellung

Übung 7: Spieglein, Spieglein ...

> **Materialien:**
> • Arbeitsblatt 23

Die Aufgabe der Kinder besteht darin, geometrische Figuren an Linien zu spiegeln und diese dann zu malen. Arbeitsblatt 23a zeigt zunächst, wie es geht.

Übung 8: Perspektivwechsel

> **Materialien:**
> • Arbeitsblatt 24
> • handelsübliche Holzbausteine

In den ersten beiden Teilen (a & b) wird den Kindern ein Bild in verschiedenen Perspektiven gezeigt. Auf diesem sollen sie den jeweils dunkler gekennzeichneten Stein in verschiedenen Perspektiven wieder erkennen. Im dritten Teil (c) besteht die Aufgabe darin, die gezeigten Würfelgebilde in der Vogelperspektive nachzubauen.

Quellen

Käpnick, F. & Fuchs, M. (Hrsg.). (2004). Mathe für kleine Asse (Handbuch für die Förderung mathematisch interessierter und begabter Erst- und Zweitklässler). Berlin.

Marke, S., Quaiser-Pohl, C. & Rohe, A. (in Vorb.). Der Bilder-Rotations-Test (BiRT) - Ein Test zur Erfassung der mentalen Rotation im Vorschulalter.

Quaiser-Pohl, C., Meyer, S., & Köhler, A. (2008). Spielend Mathe - ein Programm zu Förderung mathematischer Fähigkeiten beim Übergang vom Kindergarten in die Grundschule. Universität Siegen.

Rademacher, J., Lehmann, W., Quaiser-Pohl, C., Günther, A. Trautewig, N. (2009). Mathematik im Vorschulalter. Göttingen.

Teil III: Arbeitsmaterialien

Arbeitsblatt 1: Im Urwald

Suche die Bilder mit derselben Anzahl an Tieren.

Teile in zwei gleich große Felder.

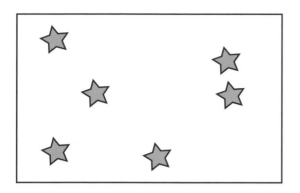

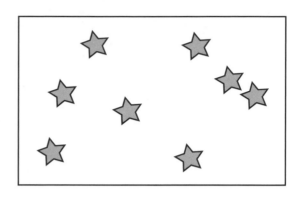

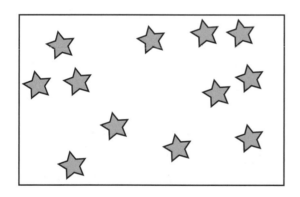

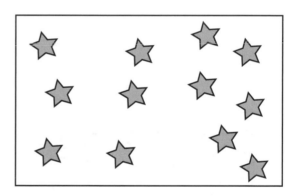

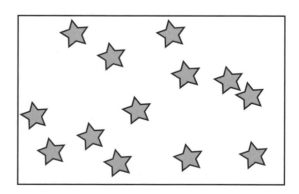

Arbeitsblatt 2 b: Felder teilen

Teile in zwei gleich große Felder.

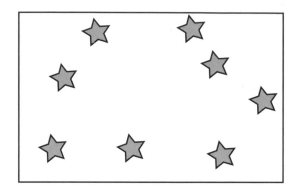

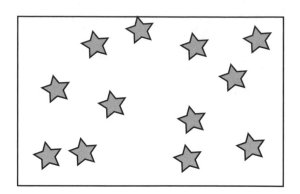

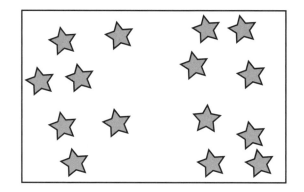

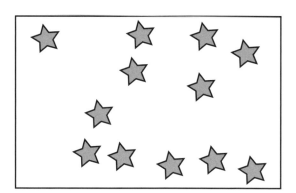

A Mengenauffassung

Arbeitsblatt 3 b: Plättchenspiel

Schneide die Figuren einzeln aus.

Auf welchen Quadraten sind gleich viele helle und dunkle Flächen?

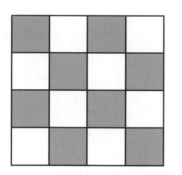
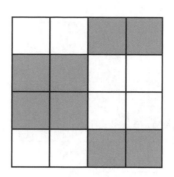
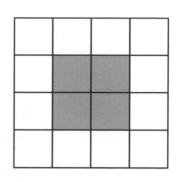

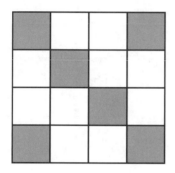
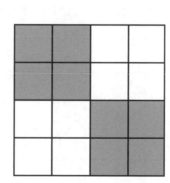
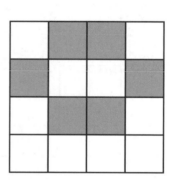

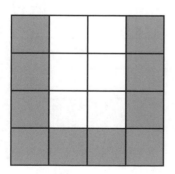
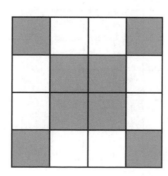
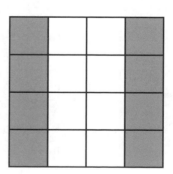

Arbeitsblatt 4 b: Mengen halbieren

Auf welchen Quadraten sind gleich viele helle und dunkle Flächen?

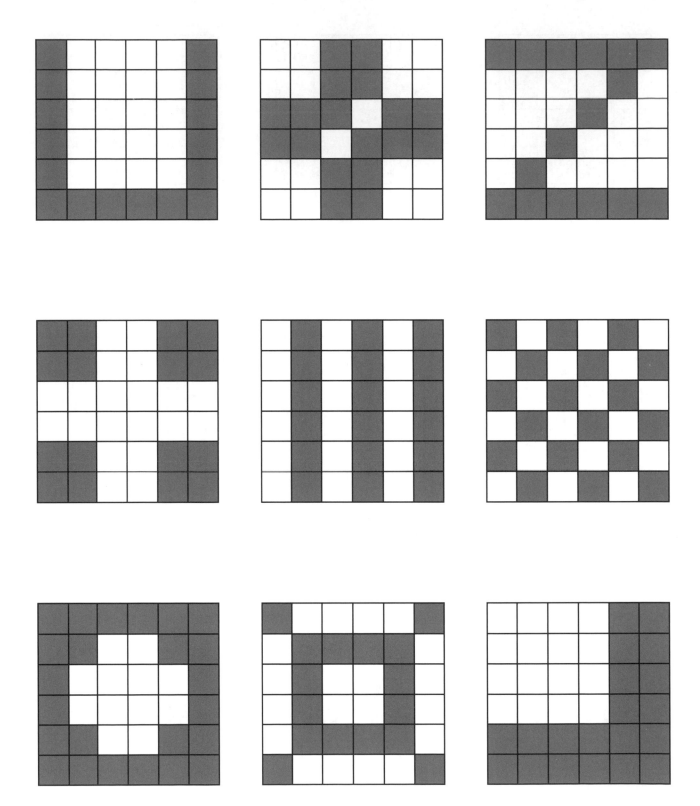

Welche Zahl gefällt dir?

Arbeitsblatt 6 a: Rhythmisches Zählen

Führe die Zahlenfolgen weiter.

B Zahlbegriff

Zahlenfolge „+ 1"

Zahlenfolge „+ 2"

Zahlenfolge „+ 3"

Zahlenfolge „+ 4"

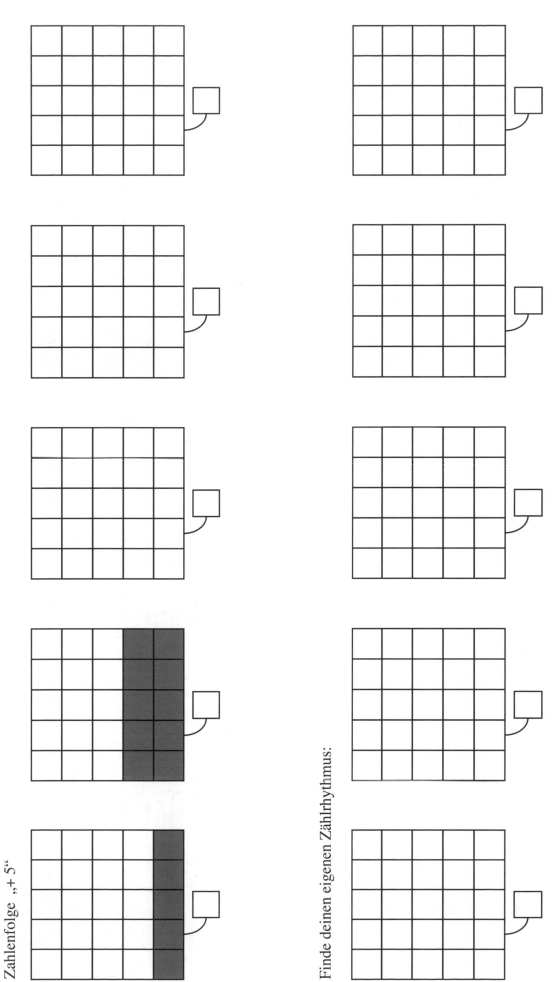

Zahlenfolge „+ 5"

Finde deinen eigenen Zählrhythmus:

B Zahlbegriff

Arbeitsblatt 6 c: Rhythmisches Zählen

Ergänze die Zahlenfolgen durch Ausmalen der Kästchen.

Zahlenfolge „+10"

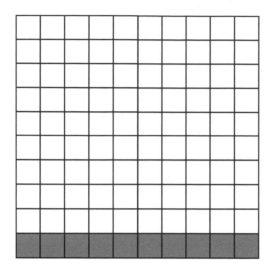
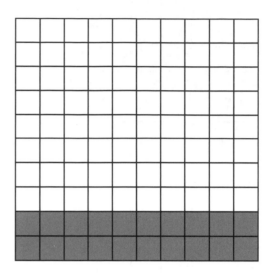

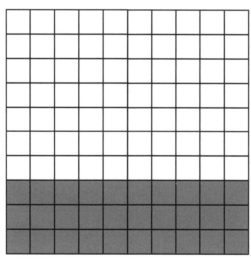
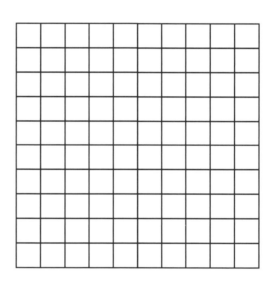

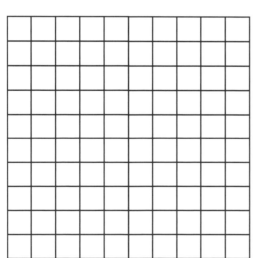
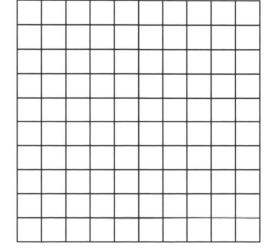

Finde deinen eigenen Zahlenrhythmus und male die Kästchen aus.

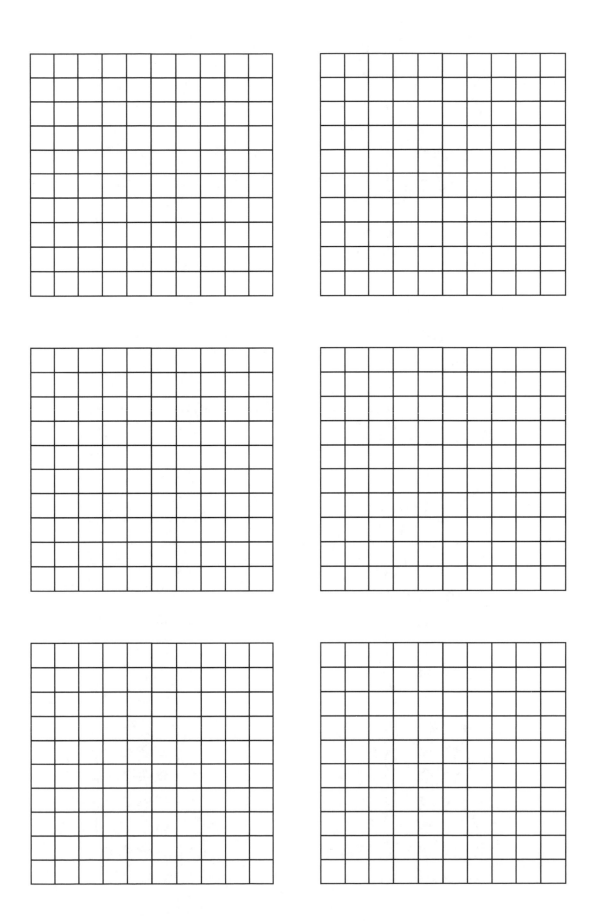

B Zahlbegriff

Führe die Zahlenfolgen weiter.

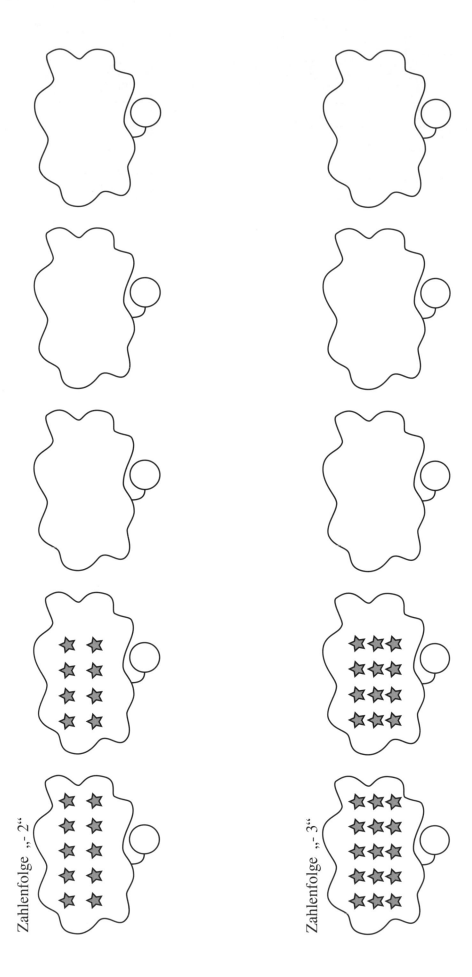

Zahlenfolge „- 2"

Zahlenfolge „- 3"

Vervollständige die Zahlenfolge durch Ausmalen.

Zahlenfolge „-2 "

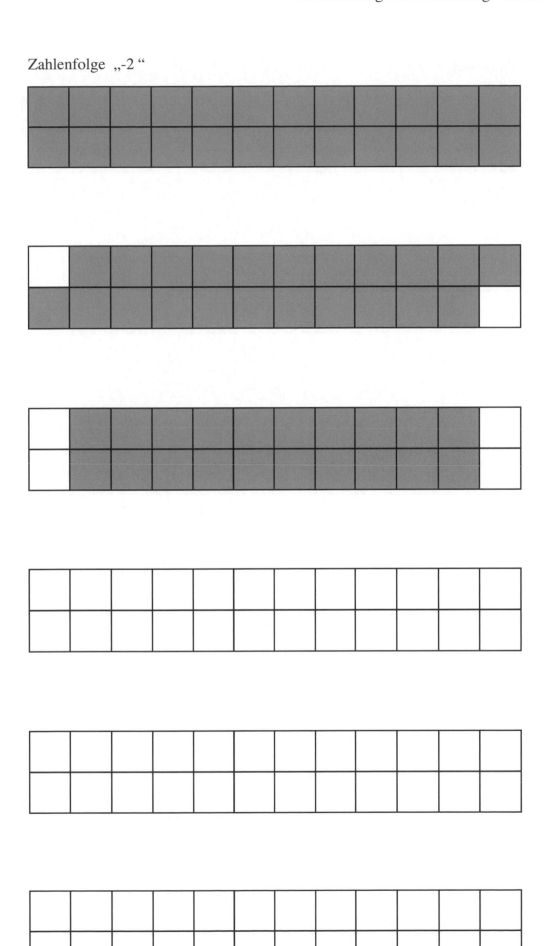

B Zahlbegriff

Vervollständige die Zahlenfolge durch Ausmalen.

Zahlenfolge „-3 "

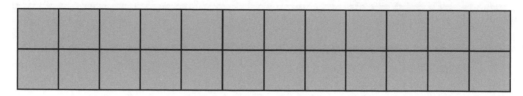

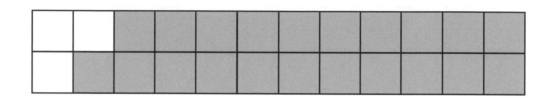

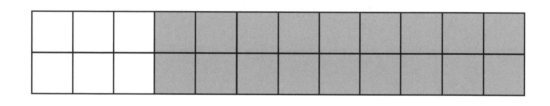

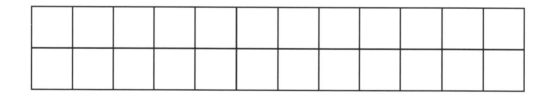

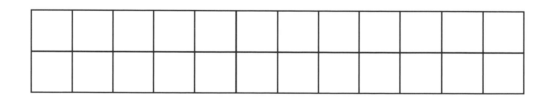

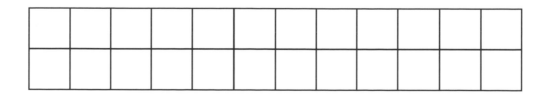

B Zahlbegriff

Das Blatt der 100 Zahlen hilft dir, wenn du nicht mehr weiter weißt.

1	2	3	4	5	6	7	8	9	10
11	12	13	14	15	16	17	18	19	20
21	22	23	24	25	26	27	28	29	30
31	32	33	34	35	36	37	38	39	40
41	42	43	44	45	46	47	48	49	50
51	52	53	54	55	56	57	58	59	60
61	62	63	64	65	66	67	68	69	70
71	72	73	74	75	76	77	78	79	80
81	82	83	84	85	86	87	88	89	90
91	92	93	94	95	96	97	98	99	100

B Zahlbegriff

Rechne und male die Perlen aus.

Beispielaufgaben:

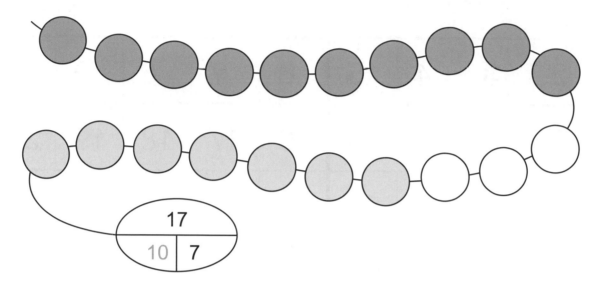

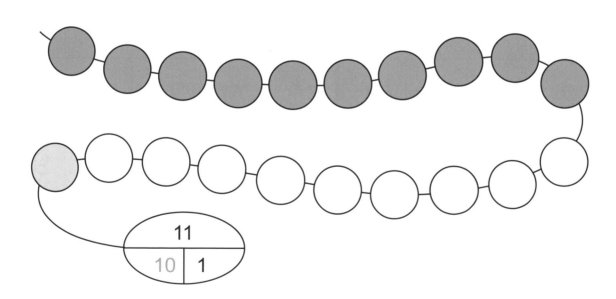

B Zahlbegriff

Rechne und male die Perlen aus.

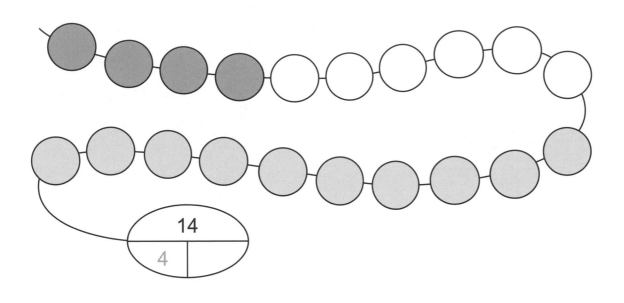

B Zahlbegriff

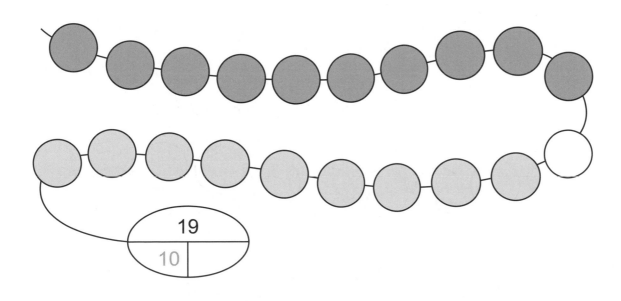

Arbeitsblatt 8 c: Perlen auffädeln bis 20

Rechne und male die Perlen aus.

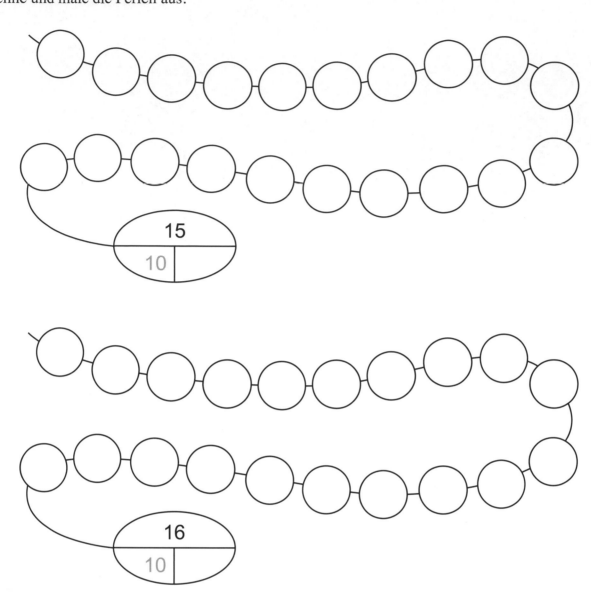

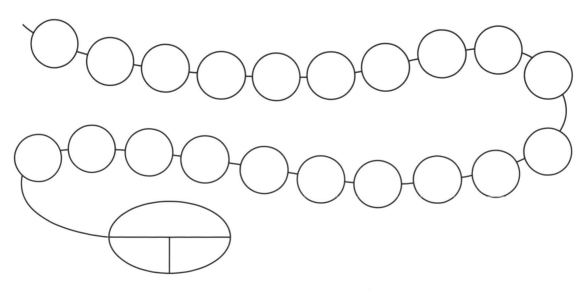

Rechne und male die Perlen aus.

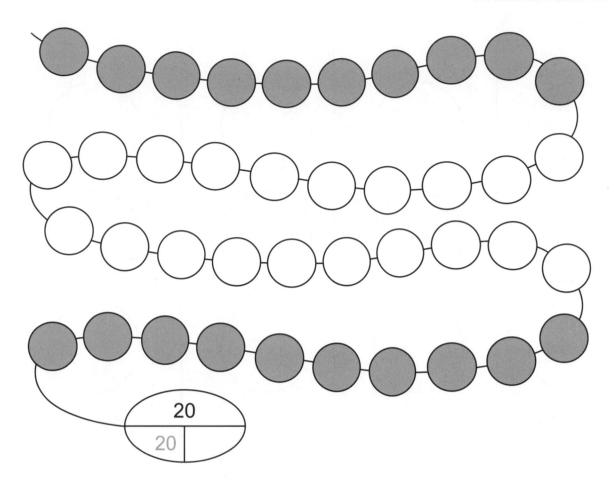

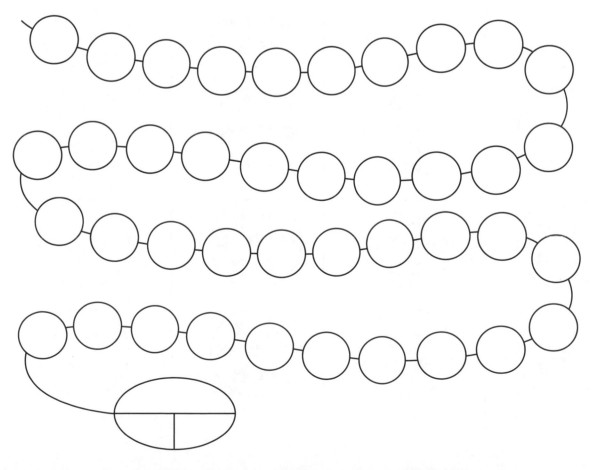

© 2012, Vandenhoeck & Ruprecht GmbH & Co. KG, Göttingen

B Zahlbegriff

Ergänze die Zahlenfolge.

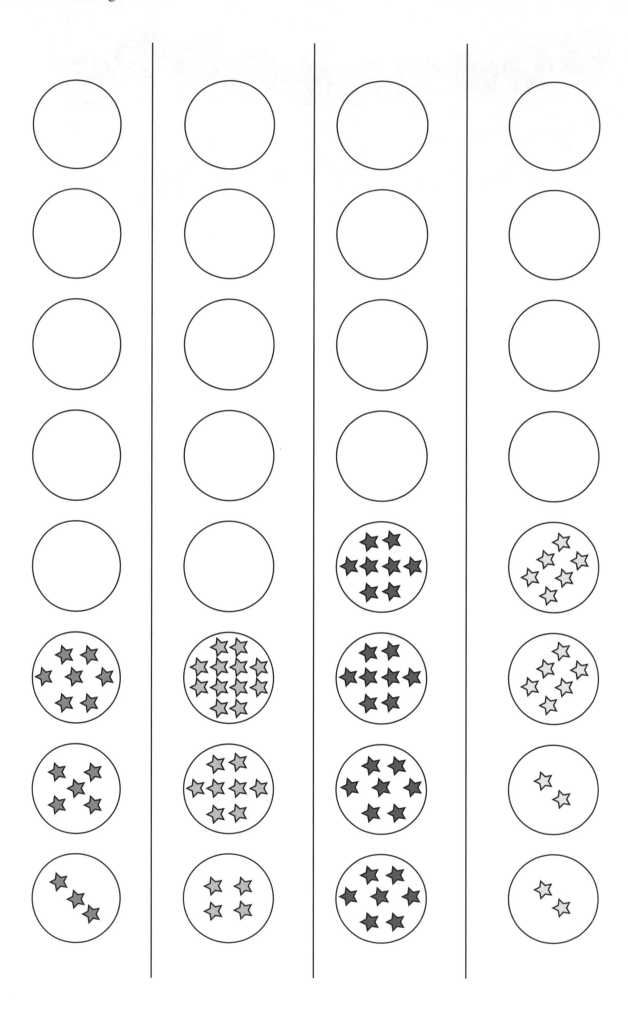

Ergänze die Zahlenfolge.

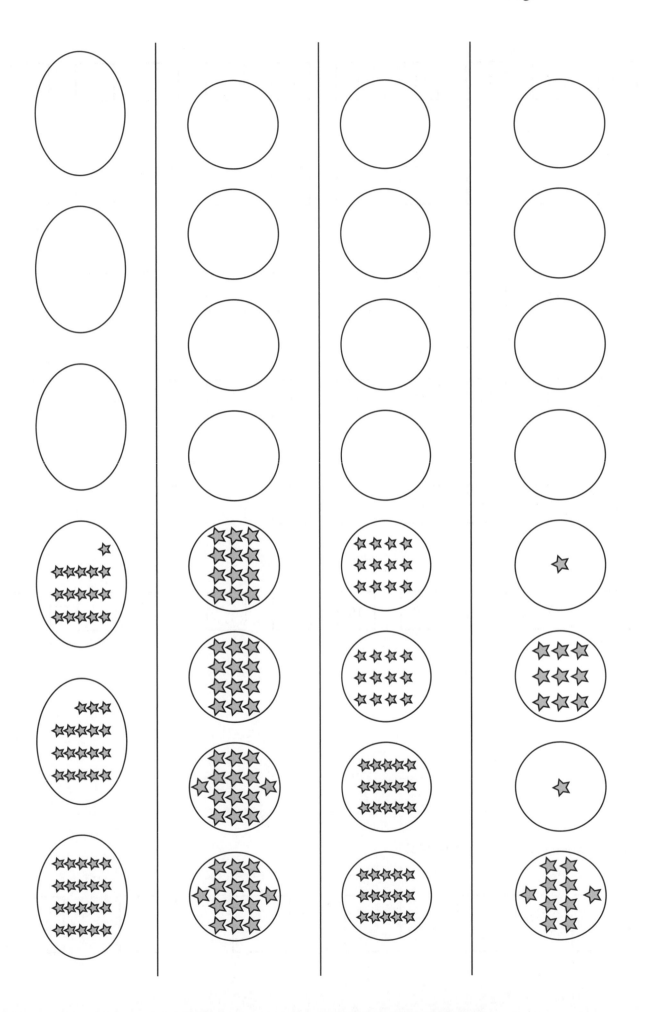

Arbeitsblatt 9 c: Zahlenfolgen

Ergänze die Zahlenfolge.

| 11 | 17 | 11 | 15 | 11 | 13 | | | | |

| 25 | 22 | 19 | | | | | | | |

| 18 | 20 | 15 | 17 | 12 | 14 | 9 | | | |

| 22 | 12 | 21 | 11 | 20 | 10 | | | | |

| 3 | 7 | 11 | 15 | | | | | | |

| 22 | 22 | 19 | 19 | 16 | | | | | |

Erfinde deine eigene Zahlenfolge!

| | | | | | |

B Zahlbegriff

Ein Fisch ist anders, angle ihn heraus.

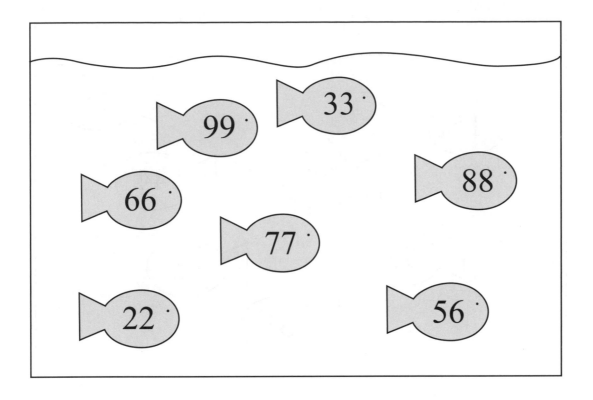

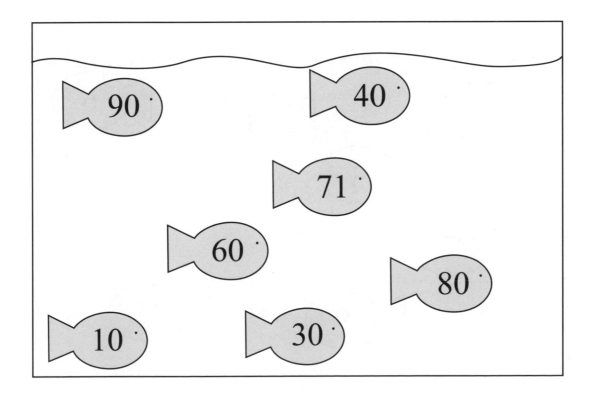

B Zahlbegriff

Arbeitsblatt 10 b: Ein Fisch ist anders

Ein Fisch ist anders, angle ihn heraus.

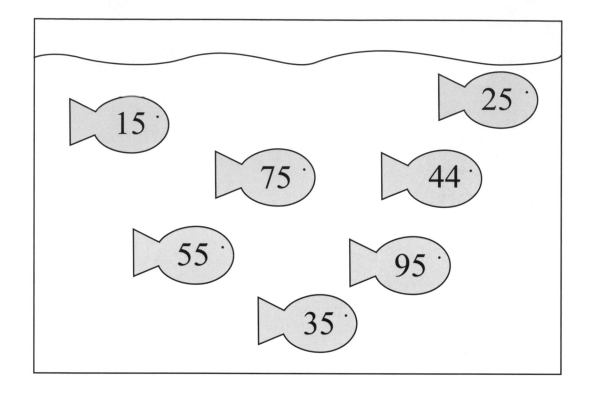

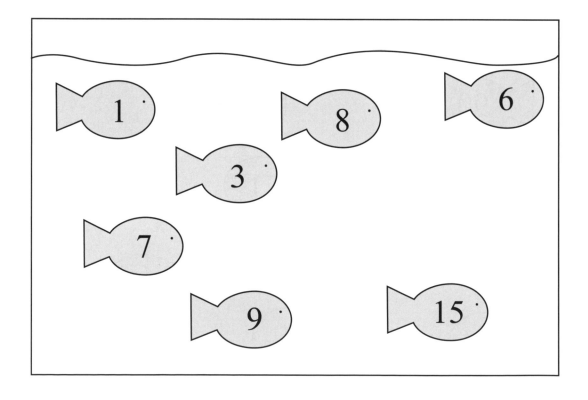

Ein Fisch ist anders, angle ihn heraus.

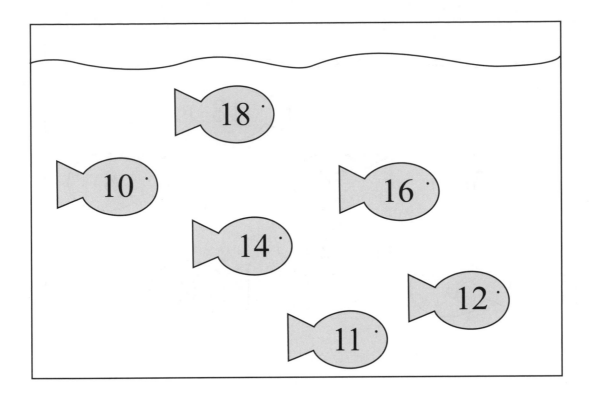

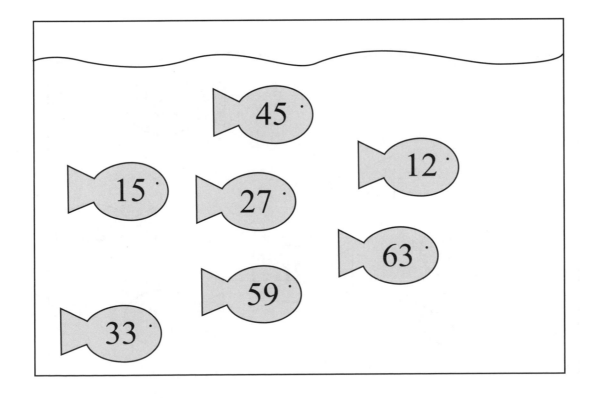

B Zahlbegriff

Arbeitsblatt 10 d: Ein Fisch ist anders

Ein Fisch ist anders, angle ihn heraus.

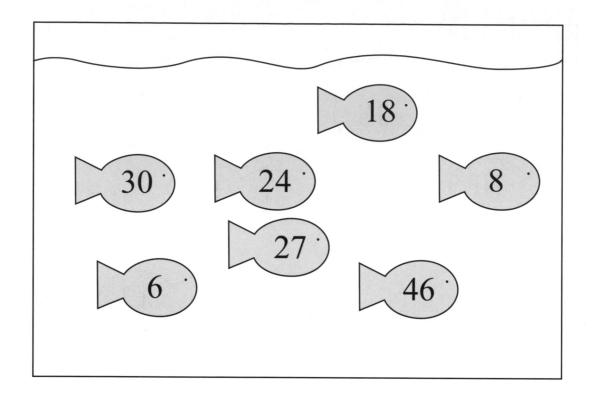

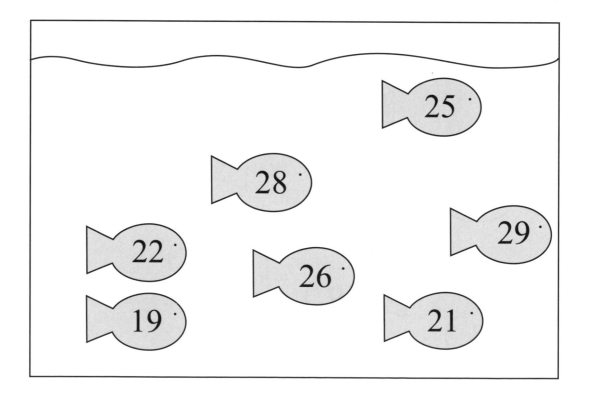

B Zahlbegriff

Rechne aus.

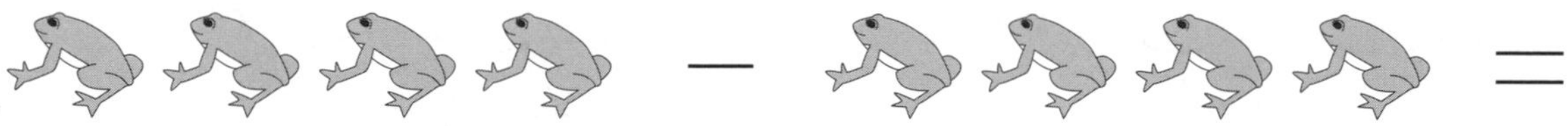

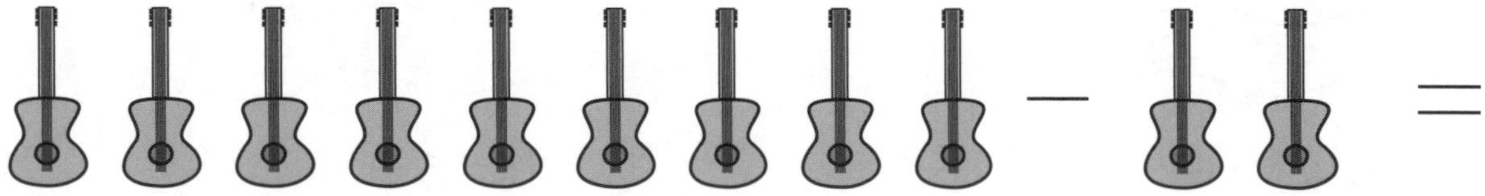

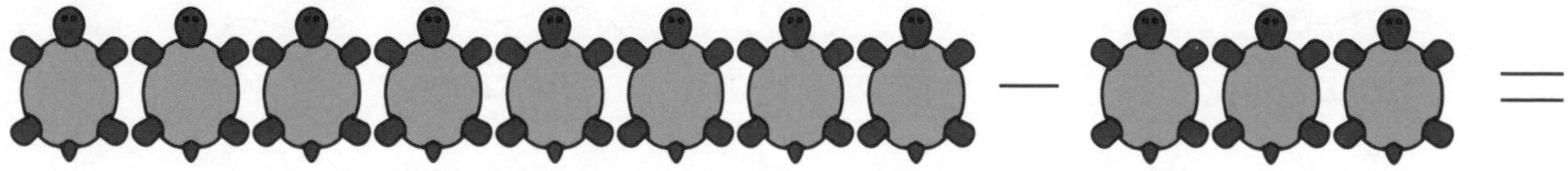

🐑🐑🐑🐑 + 🐑🐑🐑🐑🐑 =

🐅🐅🐅🐅 + 🐅🐅🐅🐅 =

🍌🍌🍌🍌🍌🍌 + 🍌🍌🍌 =

🐵🐵🐵 + 🐵🐵🐵🐵🐵🐵 =

🌼🌼🌼🌼🌼🌼🌼 − 🌼🌼 =

🐸🐸🐸🐸 − 🐸🐸🐸🐸 =

🎸🎸🎸🎸🎸🎸🎸🎸🎸 − 🎸🎸 =

🐢🐢🐢🐢🐢🐢🐢🐢 − 🐢🐢🐢 =

© 2012, Vandenhoeck & Ruprecht GmbH & Co. KG, Göttingen

C Rechenoperationen

Rechne aus.

$5 + 5 =$

$8 - 4 =$

$1 + 19 =$

$13 - 9 =$

$8 + 0 =$

$4 - 5 =$

$2 + 11 =$

$20 - 11 =$

$0 + 0 =$

$17 - 17 =$

$8 + 4 =$

$12 - 6 =$

$17 + 3 =$

$5 - 2 =$

$7 + 9 =$

$15 - 0 =$

$6 + 12 =$

$16 - 6 =$

$14 + 5 =$

$100 - 1 =$

C Rechenoperationen

Ergänze die fehlenden Zahlen.

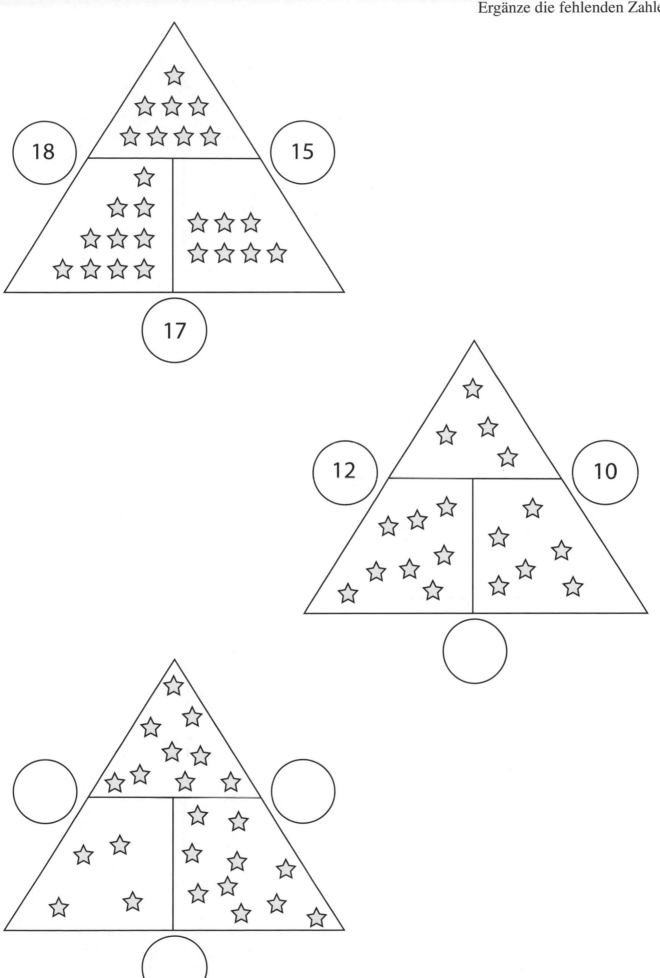

C Rechenoperationen

| 75

Ergänze die fehlenden Zahlen.

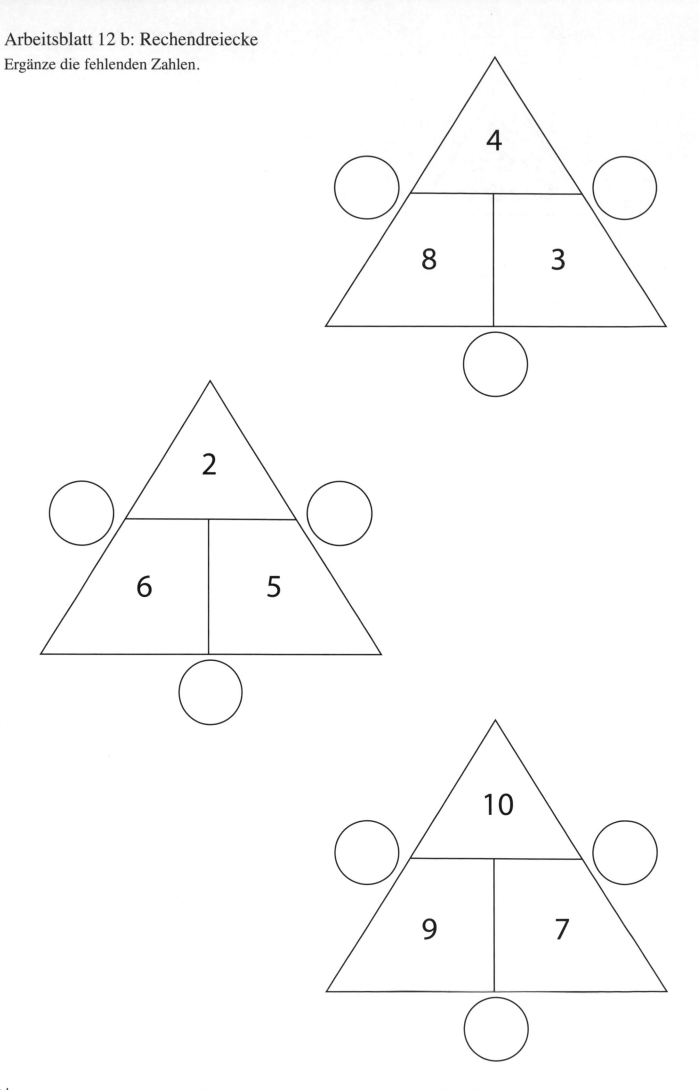

Ergänze die fehlenden Zahlen.

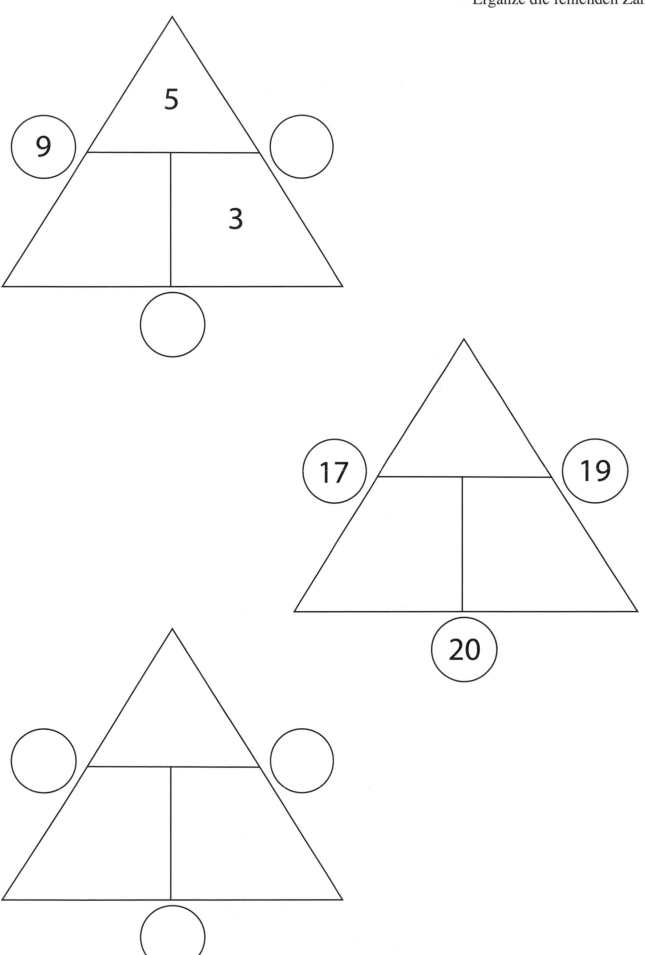

Lege die Aufgaben mit Zaubersteinen nach.

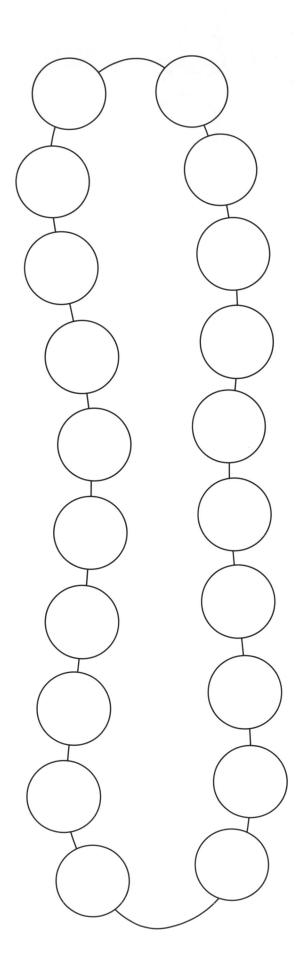

Lege 9, nimm 2 weg. $9 - 2 =$ ____

Lege 9, nimm 3 weg. $9 - 3 =$ ____

Lege 9, nimm 4 weg. $9 - 4 =$ ____

Lege 9, nimm 5 weg. $9 - 5 =$ ____

Lege 9, nimm 6 weg. $9 - 6 =$ ____

Lege 9, nimm 7 weg. $9 - 7 =$ ____

Lege 9, nimm 8 weg. $9 - 8 =$ ____

Lege 9, nimm 9 weg. $9 - 9 =$ ____

$9 - 2 =$ ___	$12 - 8 =$ ___
$9 - 3 =$ ___	$13 - 6 =$ ___
$8 - 4 =$ ___	$14 - 4 =$ ___
$8 - 5 =$ ___	$12 - 2 =$ ___
$7 - 7 =$ ___	$10 - 0 =$ ___
$12 - 5 =$ ___	$20 - 2 =$ ___
$13 - 5 =$ ___	$20 - 20 =$ ___
$14 - 5 =$ ___	$4 - 5 =$ ___
$15 - 5 =$ ___	$10 - 10 =$ ___
$16 - 5 =$ ___	$2 - 3 =$ ___

C Rechenoperationen

Arbeitsblatt 14: Halbieren und Verdoppeln

Lege die Aufgaben mit Zaubersteinen und rechne aus.

$2 + 2 =$ ____ $10 + 10 =$ ____

$3 + 3 =$ ____ $12 + 12 =$ ____

$4 + 4 =$ ____ $20 + 20 =$ ____

$5 + 5 =$ ____ $50 + 50 =$ ____

$6 + 6 =$ ____

$7 + 7 =$ ____ $100 + 100 =$ ____

$8 + 8 =$ ____

$9 + 9 =$ ____ $0 + 0 =$ ____

$18 - 9 =$ ____ $14 - 7 =$ ____

$12 - 6 =$ ____ $10 - 5 =$ ____

$8 - 4 =$ ____ $16 - 8 =$ ____

$6 - 3 =$ ____ $4 - 2 =$ ____

$20 - 10 =$ ____ $2 - 2 =$ ____

Arbeitsblatt 15 a: Wie viele Plättchen hat die Schildkröte?

Finde verschiedene Möglichkeiten, der Schildkröte 5 Plättchen für ihren Panzer zu geben.

Arbeitsblatt 15 b: Wie viele Plättchen hat die Schildkröte?

Finde verschiedene Möglichkeiten, der Schildkröte 10 Plättchen für ihren Panzer zu geben.

Arbeitsblatt 15 c: Wie viele Plättchen hat die Schildkröte?

Finde verschiedene Möglichkeiten, der Schildkröte 20 Plättchen für ihren Panzer zu geben.

C Rechenoperationen

Arbeitsblatt 15 d: Wie viele Plättchen hat die Schildkröte?

Finde verschiedene Möglichkeiten, der Schildkröte 20 Plättchen für ihren Panzer zu geben.

Arbeitsblatt 15 e: Wie viele Plättchen hat die Schildkröte?

Finde eine Möglichkeit, der oberen Schildkröte 25 Plättchen
und der unteren Schildkröte 50 Plättchen zu geben.

Finde eine Möglichkeit, der Schildkröte 100 Plättchen für ihren Panzer zu geben.

C Rechenoperationen

Ergänze die Zahlen in der Rechenaufgabe.

$2 + \underline{} = 8$ $9 + \underline{} = 15$ $6 + \underline{} = 12$

$6 + \underline{} = 9$ $4 + \underline{} = 10$ $4 + \underline{} = 16$

$2 + \underline{} = 7$ $7 + \underline{} = 15$ $4 + \underline{} = 16$

C Rechenoperationen

Ergänze die Zahlen in der Rechenaufgabe.

$7 +$ ___ $= 10$ $18 +$ ___ $= 20$

$6 +$ ___ $= 10$ $14 +$ ___ $= 20$

$5 +$ ___ $= 10$ $10 +$ ___ $= 20$

$4 +$ ___ $= 10$ $20 +$ ___ $= 20$

$3 +$ ___ $= 10$ $8 +$ ___ $= 20$

$9 +$ ___ $= 16$ $8 +$ ___ $= 17$

$10 +$ ___ $= 16$ $8 +$ ___ $= 15$

$11 +$ ___ $= 16$ $8 +$ ___ $= 13$

$12 +$ ___ $= 16$ $8 +$ ___ $= 11$

$13 +$ ___ $= 16$ $8 +$ ___ $= 9$

C Rechenoperationen

Zähle die Ecken der Figuren. Du kannst sie auch mit Zaubersteinen nachlegen.

Zähle die Ecken der Figuren. Du kannst sie auch mit Zaubersteinen nachlegen.

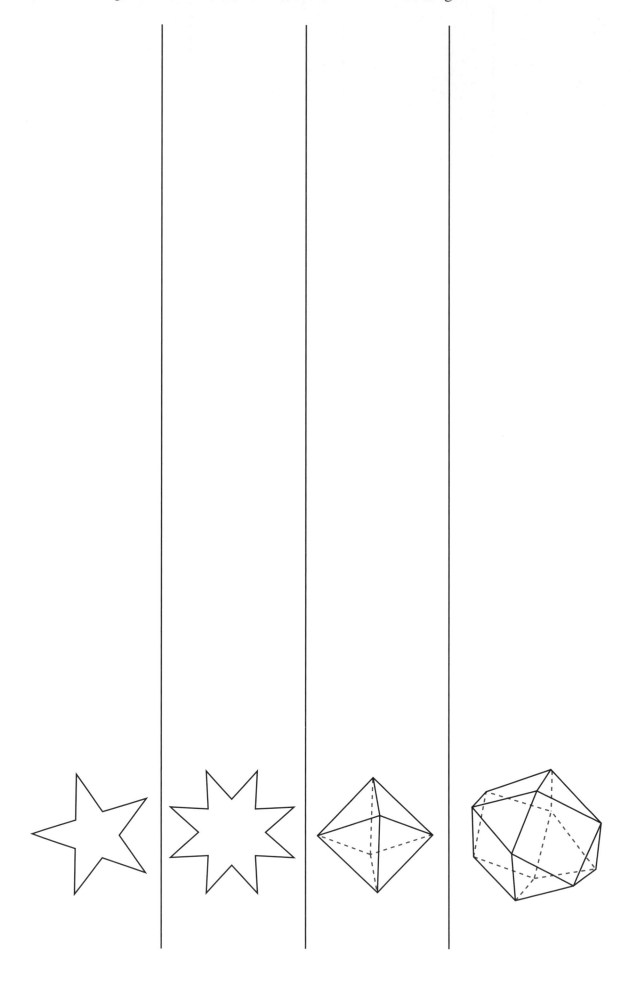

D Räumliche Vorstellung

Hilf dem Affen, den Weg zu den Bananen zu finden.

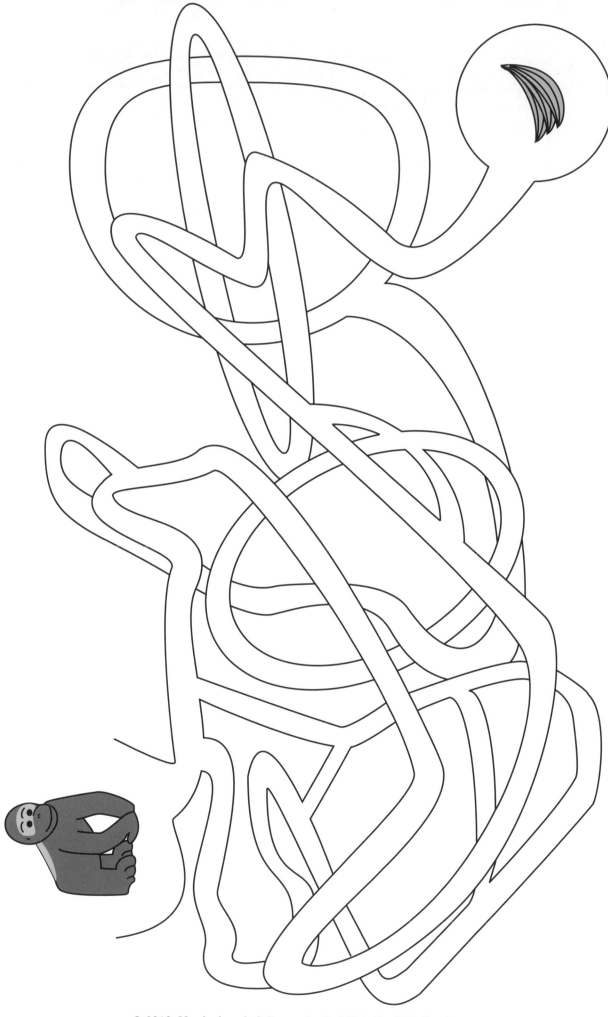

Finde einen Weg durch jedes Labyrinth.

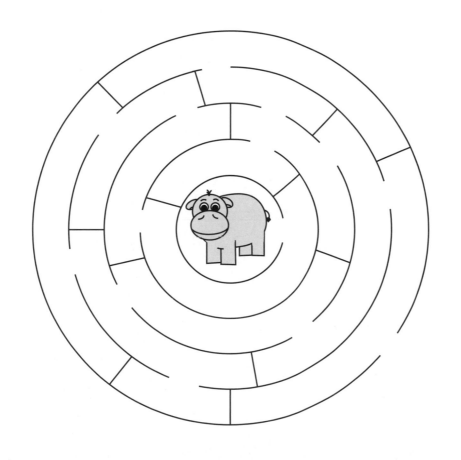

© 2012, Vandenhoeck & Ruprecht GmbH & Co. KG, Göttingen

D Räumliche Vorstellung

Lege die Figuren mit Streichhölzern nach.

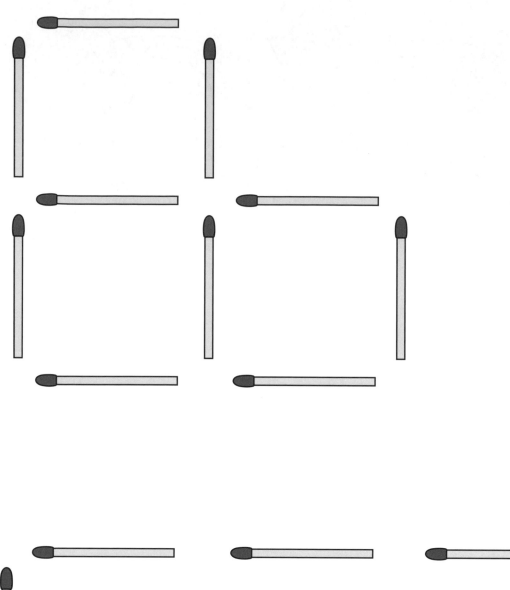

D Räumliche Vorstellung

Verschiebe 4 Streichhölzer, damit 4 kleine Quadrate entstehen.

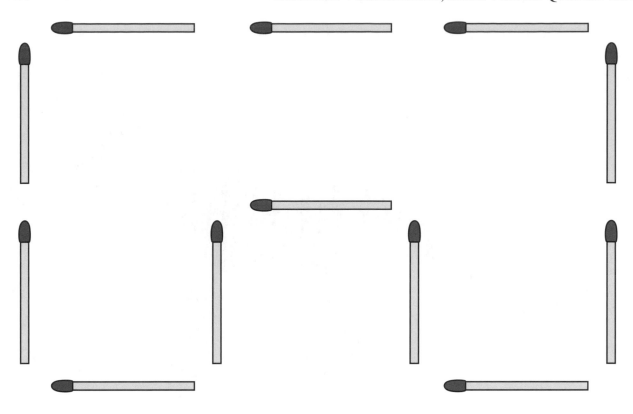

Verschiebe 4 Streichhölzer, damit 1 großes und 2 kleine Quadrate entstehen.

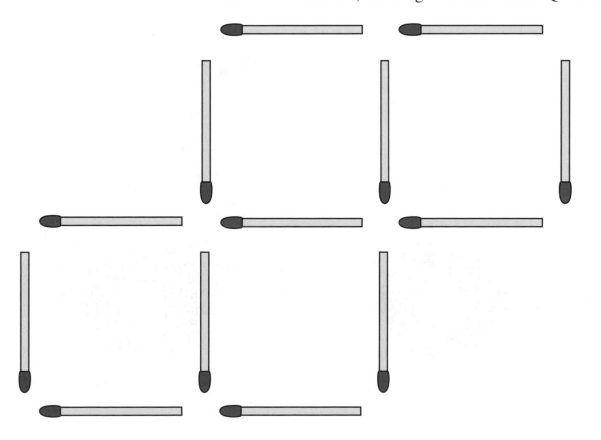

D Räumliche Vorstellung

Schneide die Motive aus und drehe sie um ihre eigene Achse.

D Räumliche Vorstellung

Welche Figur rechts der Linie entspricht der linken Figur?

Welche Figur rechts der Linie entspricht der linken Figur?

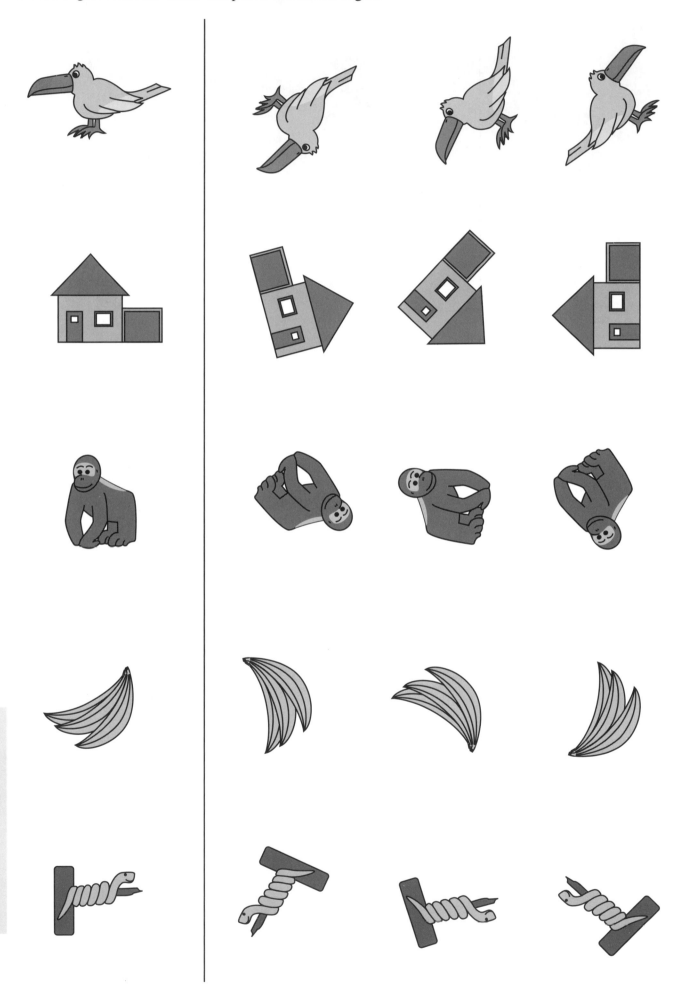

D Räumliche Vorstellung

Lege die Figuren mit Papierdreiecken.

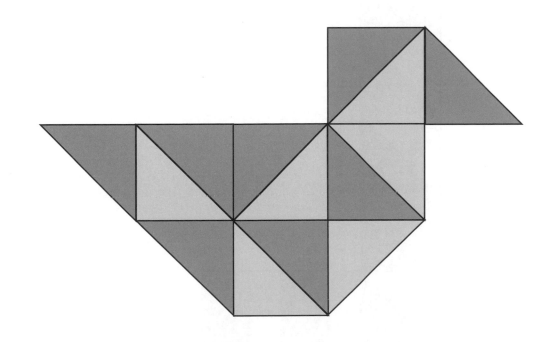

D Räumliche Vorstellung

Lege die Figuren mit Papierdreiecken.

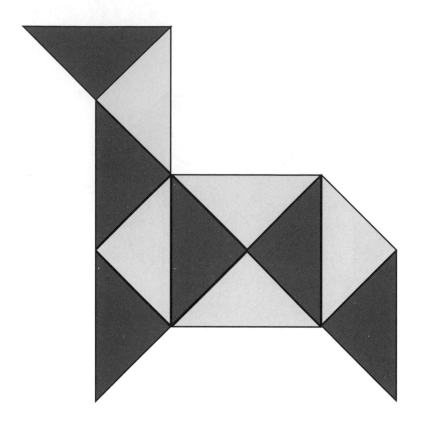

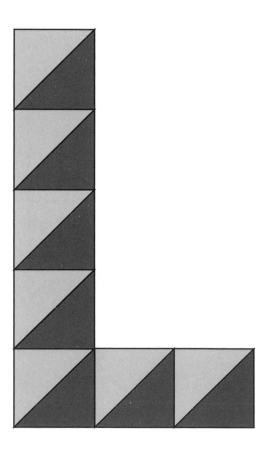

Lege die Figuren mit Papierdreiecken.

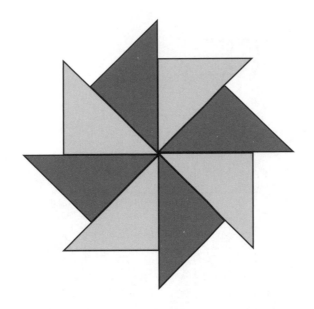

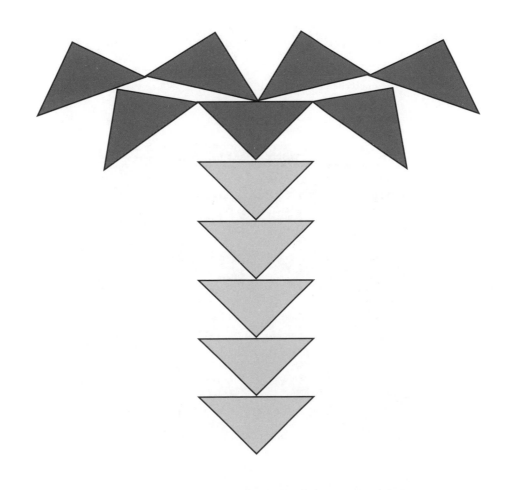

D Räumliche Vorstellung

Baue die Figuren mit Bausteinen nach.

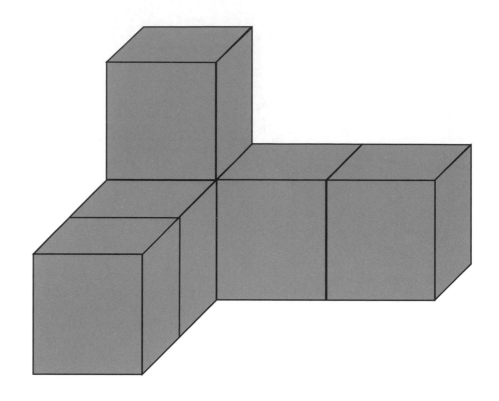

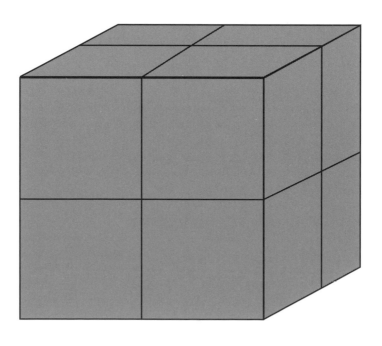

D Räumliche Vorstellung

Baue die Figuren mit Bausteinen nach.

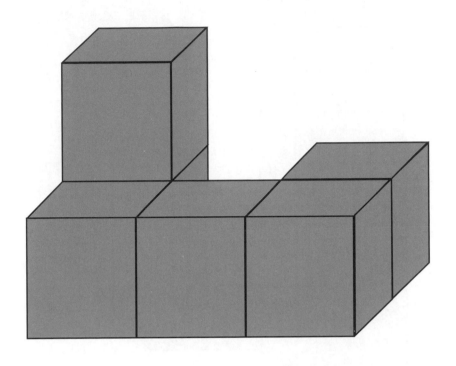

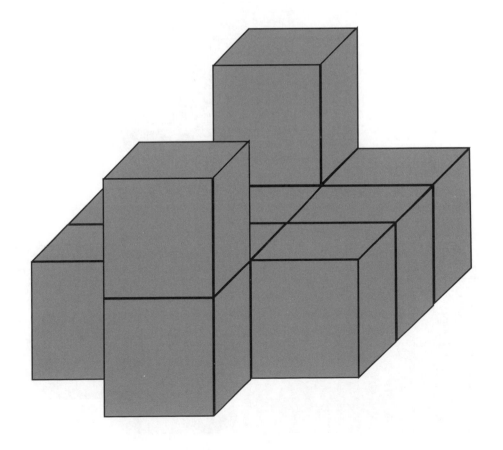

D Räumliche Vorstellung

Baue die Figuren mit Bausteinen nach.

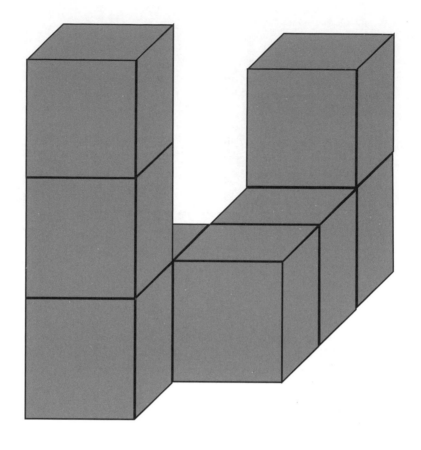

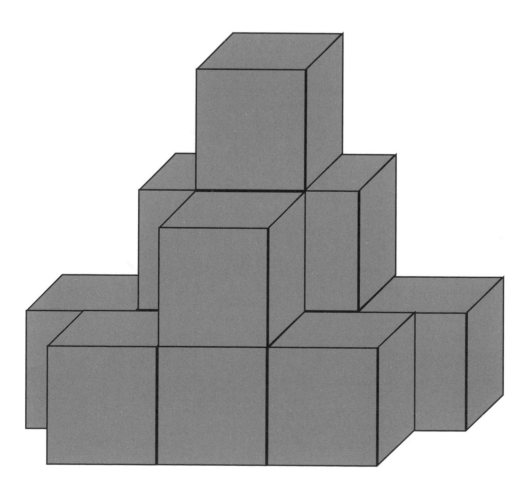

D Räumliche Vorstellung

Baue die Figuren mit Bausteinen nach.

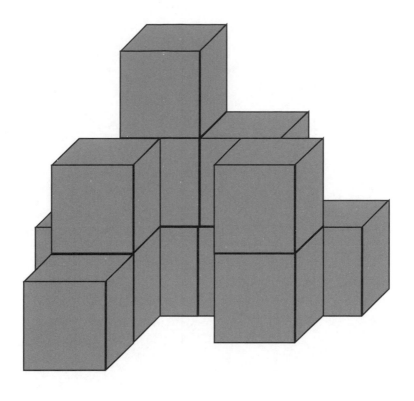

D Räumliche Vorstellung

Arbeitsblatt 23 a: Spieglein, Spieglein...

Beispielaufgabe: Die Figuren sind an der Linie gespiegelt.

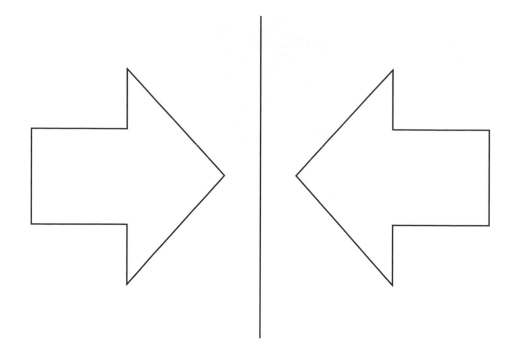

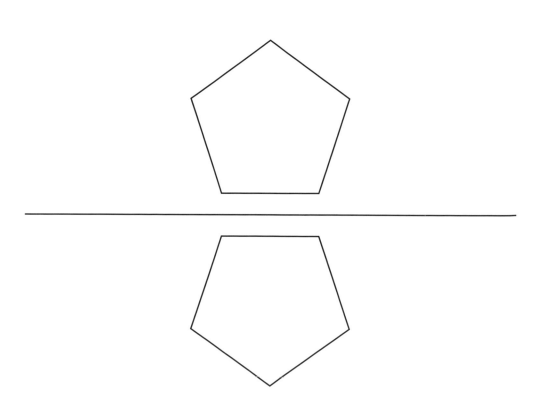

D Räumliche Vorstellung

Spiegle die Figuren an der Linie.

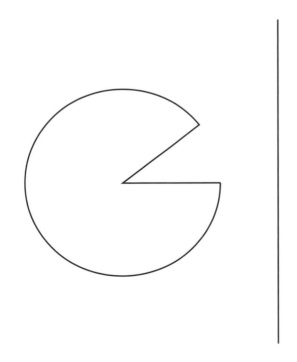

D Räumliche Vorstellung

Arbeitsblatt 23 c: Spieglein, Spieglein...

Spiegle die Figuren an der Linie.

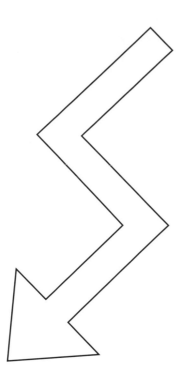

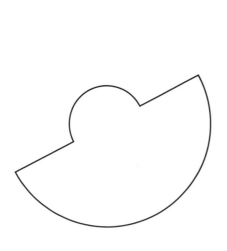

D Räumliche Vorstellung

Spiegle die Figur an der Linie.

Finde das dunkle Kästchen aus dem ersten Bild in den beiden anderen Bildern und male es aus.

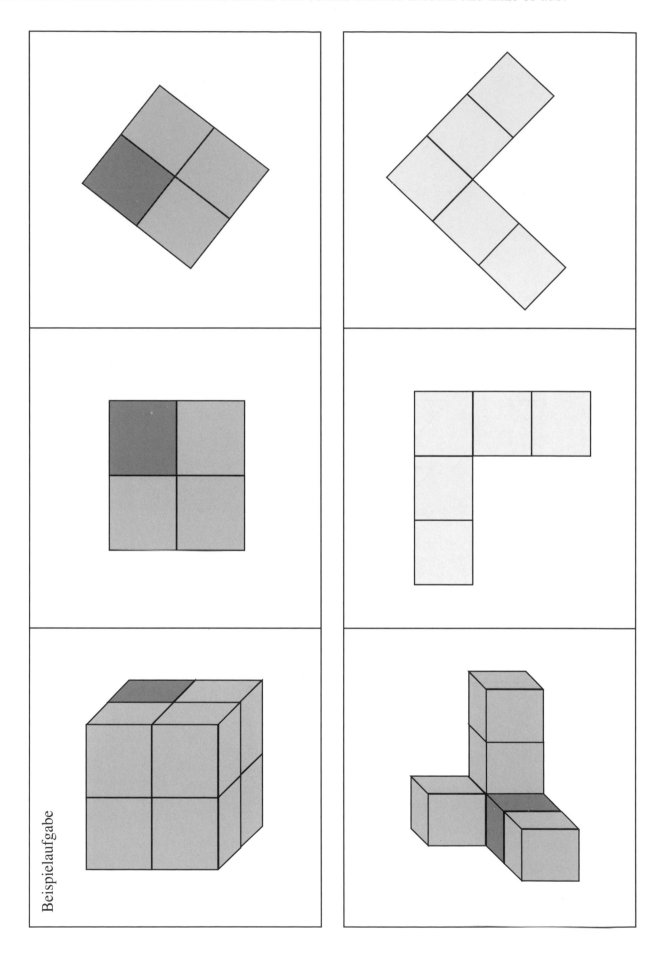

Beispielaufgabe

Finde das dunkle Kästchen aus dem ersten Bild in den beiden anderen Bildern und male es aus.

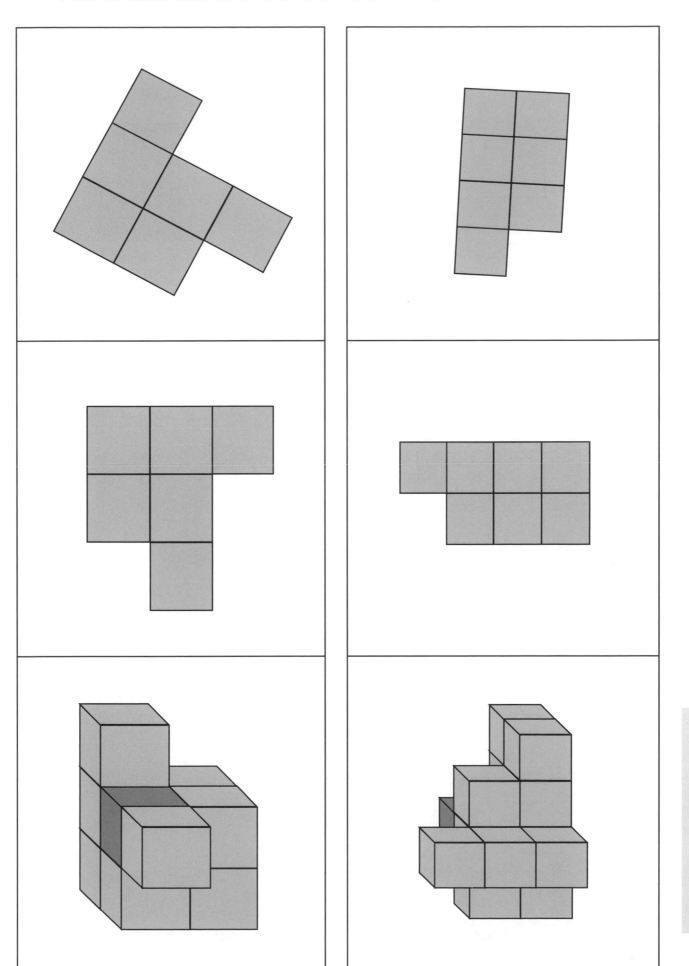

D Räumliche Vorstellung

Arbeitsblatt 24 c: Perspektivwechsel

Baue die Figur von oben gesehen nach.

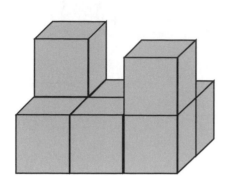

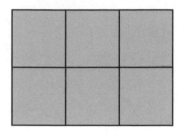

Beispielaufgabe

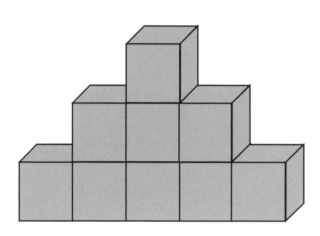

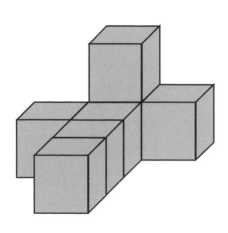